在风华绝代的才女佳人中，最想遇见——张爱玲、林徽因、杨绛

她们仨

她们用才情、爱情、真情、热情演绎着唯美人生

陈思梵 著

北京时代华文书局

图书在版编目（CIP）数据

她们仨 / 陈思梵著. -- 北京 : 北京时代华文书局, 2019.11
ISBN 978-7-5699-3313-0

Ⅰ. ①她… Ⅱ. ①陈… Ⅲ. ①林徽因（1904-1955）—传记②张爱玲（1920-1995）—传记③杨绛（1911-2016）—传记 Ⅳ. ①K826.16 ②K825.6

中国版本图书馆 CIP 数据核字（2019）第 277111 号

她们仨

Tamen Sa

著　　者 | 陈思梵

出 版 人 | 陈　涛
责任编辑 | 石乃月
装帧设计 | 武晓强
责任印制 | 刘　银　姚建坡

出版发行 | 北京时代华文书局 http://www.bjsdsj.com.cn
北京市东城区安定门外大街 136 号皇城国际大厦 A 座 8 楼
邮编：100011　电话：010-64267955　64267677
印　　刷 | 三河市天润建兴印务有限公司　13803225246
（如发现印装质量问题，请与印刷厂联系调换）
开　　本 | 880mm×1230mm　1/32　印　张 | 6.75　字　数 | 150 千字
版　　次 | 2020 年 2 月第 1 版　印　次 | 2020 年 2 月第 1 次印刷
书　　号 | ISBN 978-7-5699-3313-0
定　　价 | 48.00 元

前言

宁愿她们仨是一人，年少轻狂时有敢和世界决裂的冷傲，豆蔻青春年华遇最懂的人谈最美的恋爱，时光漫洒里哪怕满城风雨也看芳景如故。

然而她们终究各自不同，看张爱玲，如春乍来之杏花素面；品林徽因，如夏已深的香风菡萏；读杨绛，又是秋未起的叶藏玳瑁、枝坠珊瑚。

你一定要最后一个认识杨绛，因为太过淡然，几乎总让人漫过。然而经历了张爱玲的抽骨撤髓的冷痛，见识了林徽因四月云天的浪漫，再遇见杨绛，你会忽然发现，她才是巧占兰心，温柔了岁月，她会把你的所有疼痛、所有执迷，都熨服得妥妥帖帖，清清净净。

当然，也许你最爱张爱玲，“每一个男子全都有过这样的两个女人，娶了红玫瑰，久而久之，红的变了墙上的一抹蚊子血，白的还是床前明月光；娶了白玫瑰，白的便是衣服上的一粒饭黏子，红的却是心口上的一颗朱砂痣……”这样的文字太过深刻，横冲直撞地就进了心坎，然后再也挥之不去。

她像是一个冷静的刀客，细排慢检地把男女的风华故事剥皮剔骨，在冷艳的血花里，来一段苍凉的解读。

人性，在她的笔下，几乎经受不住考验，就像绽放的早花，看似风光烂漫，却只需一场寒雨便只剩一地残红，徒惹人伤怀，凄凉无住。

然而这才是人性，不管是金刚佛面，还是菩萨温柔，谁都有自己的不如意、不甘心，还有不能不为之的小小心机。

所以她的书，才那么惹眼，她的文字，才让人觉得冷痛。看得多了，有时候通透，有时候又觉得春都堪怜，人生凄然。

最堪怜的却是她自己。她孤傲冷僻，不事人情，却可以为了那一份浅淡无情的相知，“低到尘埃里，开出花来”。低给他看，开出自己的尽兴。

然而漫天风华里，最毒解花人，走马观花，蹄踏烟草，哪家的冷艳能长存，何地风光能无限好？漫赏过处，似春已残，只见飞花朵朵淡，只听啼鹃句句哀。

在别人的故事里，她那么灵光通透，在自己的故事里，她却只是愚痴执迷。这是她的悲哀，却也是她的可爱。她描绘了一个又一个世界，常常忘了世界也承载着一个她。她自己的故事，是用冷艳和决裂写成。

也许你更爱林徽因，她是“万古人间四月天”，却不只有“一身诗意千寻瀑”。她懂建筑，擅长设计，她写下了“我说你是人间的四月天；笑响点亮了四面风”的轻盈，也曾设计了人民英雄纪念碑的肃穆。东北大学校徽、中华人民共和国国徽，她都是深化方案的设计者。

她的才华，放进现实都实用，横穿世界，纵深历史，无论是高锁楼台，还是彩云穿月，一处都有一处的落地生根，一方都有一方的深情记载。

她努力地把自己活成实用价值，然而，人们总怀疑她那衫红箫翠，带着氤氲的暧昧，惹得蝴蝶都沉醉。

她有什么罪过，她只是太喜欢浪漫。可哪有浪漫不关情？哪有春风不得意？单说那场，轻轻地走了，作别天空的云彩，她见的是月洗康桥，凌波微荡，他见的是花前月色，又暗香肌雪。

自古佳人惹相思。她的身边，一直是丛生香梦。旧情若春江流水，哗然不尽，新恨已悄然生辉，云山千叠。由不得人不去品那些风月滋味，看那些芳草韵事。她有她的风骨，也有对自己的审判。芳艳总流水，素骨霜冰才是真滋味。

懂她的，能读到她的柔肠热切，不懂她的，说天混地又何妨？她不过是做了她认为最美的自己。

冷了最冷的张爱玲，热了最热的林徽因，然后可以来读读杨绛。

她身上的第一个标签，是百岁老人。犁尽一个世纪的风华，不仅有烽烟战火的淬炼，还有运动下放的磨难，更有生离死别的情断。风捻尘沙，雨暴霜地，若没有一颗玲珑心，就不会有这样剔透的运道，窗阴越老，清梦越淡。

她，首先，就是自己的圆满。放她独一个，她一样能垂杨系马、画船碎月地闯荡天涯，因为她是“最才的女”。她能做得了女校的校长，她能授得了外语文学，她还能写得了剧本、小说，还有散文。

然而，她还是“最贤的妻”，自从认定是钱锺书的人，便一辈子愿意成就他的名。他留学剑桥，她便放弃了研究生的学业；他要写长篇小说，她便甘心做他的灶下婢。

明明是她比他更早出名，她却宁愿等待他大鹏展翅。她不惧一个人应对柴米油盐，她不怕成为他的人生背景。进，她能出类拔萃，退，她能声息皆无。

人生的浅淡浓稠，她都能自然应对，生活的高低上下，她都能恬淡地任其轮回。她，从来不会把自己当成命运的筹码，她，更像是水腾成云，云行化雨，只是随形就势、灵空而动。从一开始，她就参透了人生。人生，不过是片时春梦，只容得下海阔天空。

她们仨都来自民国。民国的烟雨，重寒轻暖，有着狂热、炽烈的变更，有着凝重、古朴的底色，却终于又蓬勃出斑斓、多彩的奢华。这多情风雨，熏染了她们青未了、红烂漫的早熟风韵。

她们仨都是才女。刀笔文章，轻软小诗，春水文字，各有各情，各从各调。因为文的文，因为文的软，她们又分外多情，如春风向雪，似烟里柔丝。

不是文尽人成，而是人成文尽。她们仨各有各的春长秋短，各有各的下笔难言。没人能去作品质的评判，也不用对其命运唏嘘。她们已经被封存进历史，我们要捕捉的，只是那一个个鲜活而又纯粹的历史片段。

目录

张爱玲——最恨海棠花无香

张爱玲

——最恨海棠花无香

你如果认识从前的我，也许你能够原谅现在的我！

——张爱玲

她的青春之梦，罩在清朝遗少鸦片烟的浓雾里，软禁在没有爱没有交流的阁楼之中，使那原本喷薄的人生希望，晕染了暗黑的底色。别人的世俗繁华，对她，从一开始，就是清醒的悲凉。因此，她说，生命是一袭华美的袍，爬满了虱子。

她，站在民国的烟雨楼台，忘极春愁；她，穿梭在故事的字里行间，疏狂不醉。她给自己的定位，是尽览春秋后的赏花人，知其美，紫腻红娇云雾香，懂其哀，春风秋雨皆摧花，悟透春色，然后心淡如水，所以她的文字华丽却又冷静，像是霜花，美得惊艳，却隐隐透着寒意。

可她忘了，自己正在满园春色中尽情绽放，少不了的年少轻狂，按捺不住的春风得意，她毫无顾忌地宣扬：出名要趁早！那登顶的欲望，裹挟着人间烟火，滚滚而来。

少女的情怀、对爱情近乎痴绝的想象，一样也不少。她也曾经小轩窗、正梳妆，也有着暗香浮动中情系一生的渴望。她说：最恨海棠花无香。

她是那样的真性情，以至于临水照花时，赫然发现她在人生的战略上只是临山孤傲、遇水清凉，看似通透，实则孤绝，即使清醒着，也得卑微地经历一场又一场的噩梦。

她精明于爱情写作，却轰然踏进俗套的悲剧陷阱之中，她守着自己的原则，却一跤绊倒在别人的世故里。

她的血似乎很冷，“倾城”的痛苦纵然伴随着国仇家恨，在她，也不过是斑斑血点染就的桃花扇，扇起的，也还是秋月下的春花。

她的情是如此之浓，一往深情之重，却不顾被冠以汉奸之名、成为痛打的“落水狗”之轻。境况江河日下又怎样，被世人口诛笔伐又如何，一而背叛再而背叛三而背叛又算得了什么。她孤冷得绝情，火热得卑微。

她想要高高冷冷地活成女神，可结局是她成了只有自己守候的脆弱。说到底，她不过是一个极易受伤的小女人，繁华之千帆过尽，孤寂时月上梢头，说不尽的冷冷清清。

岁月让年华飘零，历史却让才情沉淀。只是，当今日之小资女将她作为楷模时，不知她知道后，会不会报以别样的薄情？

私人档案

中文名： 张爱玲

外文名： Eileen Chang

曾用名： 张煐（父母取名）

民　族： 汉族

血　型： A

星　座： 天秤座

出生地： 中国上海

出生日期： 1920 年 9 月 30 日

逝世日期： 1995 年 9 月 8 日

家世背景： 祖父张佩纶是清末中兴名臣，祖母李菊藕是朝廷重臣李鸿章的长女。

婚姻状况： 1944 年，与胡兰成结婚，1947 年离婚；1956 年，与 65 岁的美国人赖雅结婚。1967 年，赖雅去世。此后，张爱玲一直一个人生活。

职　业： 作家

流　　派： 海派作家

毕业院校： 香港大学和圣约翰大学（皆辍学）

主要成就： 一生创作大量的文学作品

代表作品： 《金锁记》、《倾城之恋》、《半生缘》、《红玫瑰与白玫瑰》。

经典语录：

女人一旦爱上一个男人，如赐予女人的一杯毒酒，心甘情愿地以一种最美的姿势一饮而尽，一切的心都交了出去，生死度外！

也许每一个男子全都有过这样的两个女人，至少两个。娶了红玫瑰，久而久之，红的变了墙上的一抹蚊子血，白的还是“窗前明月光”；娶了白玫瑰，白的便是衣服上的一粒饭粘子，红的却是心口上的一颗朱砂痣。

一、煊赫旧家声

故人远去，繁华落尽，旧香残粉都成了鬼魅，点点滴滴，成了新人泪。

是力邀风月，还是了却无情

冰轮初上，桂华渐满，正是清光乍泄，不远几万里。然而一夕而尽，夕夕得缺，只剩残照，让人叹不住。这是张爱玲一生的写照。

她曾经那么高傲自矜，也浓墨重彩，于锣鼓铿锵处，名声响彻万里云霄，忽而又落魄销魂，辗转红尘，如桃花零落，成泥。命运从来如此，甚无情，便下得雨僝风僽。

人面已去，徒留伤悲，好在文字永驻，让人缅怀。张爱玲是文字的精灵，于浅吟低笑中，既描了人，也画了鬼，似乎力邀风月，其实却是了却无情。

在她的文章里，人的鬼性，喷薄不断，在爱中纠缠，在恨中流窜。那纯善的美好，倒显得多余。

人，是人的模样，心，却是向着鬼魅而生的。如此荒唐着，也极力“分辩”着，“分辨”着，为自我分辩，分辨着人我，到最后也弄不清，到底哪里是清，哪里是浊？哪里如人，哪里是我？

就像《倾城之恋》中的柳原，谈的是恋爱，却处处打心理战。约流苏去香港玩，和流苏单独在一起，他像个绅士，光明正大，不越雷池，却又当着所有人的面，和流苏亲密无间，出双入对，让人以为流苏早已和他同居。

流苏同样精明，她看得透彻，想得分明：“很明显的，他要她，可是他不愿意娶她。然而她家里穷虽穷，也还是个望族，大家都是场面上的人，他担当不起这诱奸的罪名。因此他采取了那种光明正大的态度。”

她不愿遂了柳原的愿，所以始终矜持着，欲迎还拒。为了留住柳原的一颗心，她不惜在柳原最动情的时候，毅然返回那个对她只有仇意的娘家。

张爱玲说：“两方面都是精刮的人，算盘打得太仔细了，始终不肯冒失。”

这哪里是恋爱，分明是一场智斗！斗的是心机，玩的是心跳！可怜春色正好，却是一川荒唐，白白地浪费了一腔美好与纯净。

她善于写人面鬼心，在最静美的岁月中展示暗流涌动，同时也善于浪里淘沙，珍重地将散落在浊污人性里的美好一点点擦亮。

《沉香屑·第一炉香》中，薇龙说：“我爱你，关你什么事？千怪万怪，也怪不到你身上去。”一句话，让所有恨着薇龙、鄙视着薇龙的读者，瞬间心疼不已，忍不住要把她作为纯情小女子，怜上一怜，甚至敬上一敬。

明明是春秋几度、风烟迷柳，写入琴丝，一声声皆苦。明明是碧海青天的美好爱情，被残忍的生活一点点堆砌起来，却不过是暮翠朝红，仿佛是时光的错觉。

因为有太多狠毒的人：往往是玲珑剔透之辈，却用自己的血泪书写成了自己的罪状，一如曹七巧；要么是为了把握残生而不惜让亲人步步惊心，一如顾曼璐……

因为有太多错乱的心魔：爱上继父的许小寒，用自己鲜活的青春将母亲一点点催老；爱上朋友妻的振保，用无耻的逃避换取生活的安宁……

生活是残忍的，爱情是无辜的，被编进轨道里的每一个人，仿佛不得不继续自己的错乱，不得不完成自己的狠毒，他们在一条错误的线路上夸张地画下一个美满的圆，却终于发现最圆满不过烟消云散，最圆满处却是最疼痛时。

张爱玲说：孤独的人有他们自己的泥沼。

就像透过一片碎裂的玻璃看窗外，大海、夕阳、干枯的树枝，在极美的玻璃裂痕中，一帧一帧跳跃出来，无法衔接的画面，锻造出不和谐的影像，却又终于被一块残裂却不缺的玻璃统一成一个画面。

人性永远不能纯粹，世界始终存在裂痕，生活就是在一个不完美的境界中找到和谐。

她的文章如此，她的人生竟然也是如此，明明是山红树绿的光艳爱情，在她那里却终成潮湿阴暗；明明是志得意满的创作人生，在她那里最后却只剩生人勿近、独自凄凉。

是什么造就了她的孤独？又是谁给了她泥沼？想那当年明月，又是如何将这广寒撒进她的心田？唯有向历史问，才会寻得到那哀婉的出处。

历史的天空，月冷千秋

历史如碎鼓零钟，敲敲打打着，在并不灵光的岁月里，找一点淡然春意。

张爱玲曾经说："满目荒凉中，只有我的祖父母的姻缘色彩鲜艳，给了我很大的满足……"其实那段姻缘说来未必尽是得意。

话要说到清朝末年了，权倾朝野的重臣李鸿章，为掌上明珠李菊藕择婿。他既没有选择前途无量之辈，也没有选择与女儿年岁相当之青年，反而选择已过而立之年、已被充军、已配二妻的张佩纶。

张佩纶是著名的言官。慈禧当政时，为了了解宫外的局势，鼓励朝臣议论时政，于是出了一大批"清流"人物，主持清议、纠弹大臣。张佩纶在其中风头最健，与张之洞、宝廷、黄体芳合称"翰林四谏"。

论文字功底，张佩纶可以指点江山，激昂文字，他的弹章言辞犀利，锋利无伦。可论军事才能，实在难以言说。有人说他只会纸上谈兵，因此中法战争时会办福建海疆事宜的他才会一败涂地。

战败一事，清政府难辞其咎，战略摇摆不定，今日主战，明日主和，贻误了战机。加之综合国力孱弱，战舰设备和技术落后，以至于战事一起，顷刻间战舰灰飞烟灭。让张佩纶巧妇难为，偏偏张佩纶还是一个毫无实践经验的书生。但不管怎样，这次战败对张佩纶的人生影响深远。

为李菊藕择婿，恰恰在张佩纶战败发配纳赎归来，其第二个妻子病逝之后。很难说他有什么前途可言，何况人已过中年，只是李鸿章的幕僚。

而李菊藕正是豆蔻年华，芳意初成，还颇有才气，能诗能文，自然对未来充满了春花烂漫的幻想。父亲这出乎意料的决定，撞碎了她的一切美好憧憬。

这，注定了是一条没落之路。原本生在簪缨之家，住凤阁龙楼，赏玉树琼枝，于笼纱淡月，泊浓情画舸，似是天长地自久，却是彩虹炫一时。

然而即使已经料定结局，李菊藕还是选择了听从父亲的安排。就在母亲为她据理力争时，她还能平和地劝说母亲。

那个时代的女性，注定了只是配角，再怎么光华绚丽，终要成为男人的陪衬。李菊藕懂，她选择牺牲自己，为父亲的事业添砖，为夫君加璋加瓦。

嫁与张佩纶后，虽老夫少妻，倒也有诗酒风流，两人一起写武侠小说，一起研究食谱，一起听雨赏花……虽不是公子佳人并列，也还有琴瑟和谐之好。

只是张佩纶东山再起无望，李鸿章两个儿子对他的排挤，加上曾经的战败政绩，都让他倍感心灰意冷，他无意仕途，守成落寞，更愿意过“采菊东篱下”的悠然生活。

在历史的嘈杂声中，我们无法听到李菊藕的怨言。就连以影射张佩纶和李菊藕为名的《孽海花》里，说的都是郎才女貌，珠联璧合，她对他只有欣赏，只有扶持。可每当夜半梦醒或者目断秋霄，只有她自己知道，他对她到底是怎样的人生韵味。

相比争议颇多的李鸿章，这样的闲散生活，对李菊藕和张佩纶都算得上是岁月静好了。可就连这好时光也是短暂的，李菊藕尚在中年，张佩纶已撒手人寰，只留下一双儿女——张廷重和张茂渊，与李菊藕共度余生。

张廷重，又名张志沂，就是张爱玲的父亲。张佩纶离开的那一年，他只有 7 岁，妹妹张茂渊只有 2 岁。

37 岁就守寡的李菊藕，一人守着一对幼小的儿女苦熬。看着李氏亲属子侄，个个门庭光耀，唯有自己一支，却惨淡如斜阳，真格是独自凄凉无人问。

年岁渐高，老来伤流景，万般情事，早已空凉，唯有旧府家世，尚在记忆中，不由感叹："四十明朝过，犹为世网萦，蹉跎慕容色，煊赫旧家声。"

张爱玲的姑姑张茂渊说，对于父母的这桩婚事，母亲未必是愿意的。面对她的亲生女儿，李菊藕也从未透露过她的心意，剩水残山无态度，可所有的愁肠百转，一切的感慨万千，无不在泄露她的不如意，以及她的被岁月惊碎的不甘心。

她的旧事，成了女儿的心声。张茂渊为了求得心上人，宁肯蹉跎岁月，直到 78 岁，才与曾经的初恋缔结良缘。

但张爱玲却更愿意相信：李菊藕对张佩纶是由敬生爱，因怜而惜！因为她的视角，又与姑姑不同。她的童年，生活在母亲和父亲永不停歇的吵闹中，直至镜破钗分，她能感受到的家，始终是阴冷的，破碎的。

唯有演绎祖父母爱情的《孽海花》里，还能寻出一些香幽梦静的美好来。对她来说，祖母的隐忍，比母亲的上进，更让她觉得亲切。祖母，才有可能是她的一颗心的安然之所。只是，隔着代，祖母祖父的家境平和，又怎能保她周全？

往事，如烟，并不如烟

清光照幽窗，寒梅后，尽是苍凉。越是困顿中越是对风光的历史耿耿于怀。

曾经煊赫的旧家声，对没落的贵族后裔，是爱，也是恨，是荣耀，也是鱼刺。有心的，便要痛心疾首、暗下功夫，欲重铸江山而后快。

李菊耦便是那有心人，她对儿子张廷重寄予了厚望，他是顶梁柱，只有再取功名，才是家族的圆满，也是他人生的圆满。

寡母育儿，把一腔幽怨都化作教育的动力。所谓爱之深，责之切，她督促他背书学礼，学得不好，便打，背得不对，还是打。为了他成才，她能痛下打手。

可惜的是，1905 年科举被彻底废除，没落的清政府也终于明白，为了挽救颓势，需要改革，需要引进国外的科技和经验，需要大量的留学人才。

孀居的李菊藕虽然也为儿子请了英文教师，但这种学习多流于形式，她还活在传统的窠臼里，她对他的思想灌输停留在巩固家族名望上。

而她借以重塑历史的儿子，在刻苦冲向一条奋进之路时，赫然发现前路已断，最终，他只学会顾影自怜。

他未必不想重振门楣，他也曾经年少气盛，只是，旧的朝代已经没落，老式的家族早就分崩。当贵族成遗少，东风无力，西风已远，曾经辉煌的家庭背景反而成了他的重负，让他越是挣扎，越是发觉能力有限，心力不堪，只落得一腔愁苦。

越是愁闷，越是无计可施，就越是想于颓然中取乐，以获取活着的真实感，获取拥有权威声望的真实感。

在张爱玲的记忆里，她的父亲，是典型的遗少做派，冷漠于不堪的现实，痴情于辉煌的历史，抽鸦片，逛堂子，挥霍无度，却喜欢看章回体小说，还时常绕室背诵诗篇，背手吟哦辞赋，滔滔不绝，一气呵成。

最终，奢靡的遗风，磨蚀了张廷重光宗耀祖的信念，辜负了那所谓的“满腹才华”。当荣华没去，连感风吟月，也是软绵绵，酸溜溜，全无傲骨，只剩下荒唐。张廷重的人生航向，从一开始就是错的。这错误，在第一次婚姻中就被暴露得十分彻底。

他的第一任妻子是黄素琼。黄素琼的祖父是首任长江水师提督黄翼升，父亲则是广西盐法道黄宗炎，论起来，还是李鸿章的远亲。

在外人看来，这段婚姻，门当户对，可其实，两个人，一个活在旧历中，一个更喜欢洋派的自由。新扇，旧题，注定了是一场错落，注定了的高下干戈。

张爱玲的弟弟张子静在《永远的张爱玲·我的姐姐》中回忆说："我父亲虽也以新派人物自居，观念上还是传统的成分多。这就和我母亲有了矛盾和对立。"

不管是抽鸦片还是捧优伶，都违背了黄素琼的人生信念，新朝旧事，必然是一条没落之路。至于蓄妾，更是对她人格的侮辱。接受了西派思想的黄素琼，不愿意隐忍，更喜欢抗争。

而对张廷重来说，其所作所为不过是维护身份的下意识的行动。与建功立业相比，保持老派的生活作风总是容易些。与其说这是颓败的奢靡，不如说是迷茫中寻找自我的无奈。那是他活下去的信仰，他又如何能够放弃？

一个是风，喜欢自由上扬；一个是土，只愿意任情坠落。一时，她卷起他，飞起旋舞，很快，他又甩开她，重新坠落。

一个是雕花古迹，用全部身心印证过去的岁月；一个是水袖慢舒，只在乎上了舞台的轻灵流转的韵致。她自有一种鲜活打破腐朽的自豪和悲壮，便不由自主地要去刺伤他，以为是引领他。

夫妻二人的矛盾，从开始，就是不可调和的。她救不了他的心，他也就改不了自己的命。

此时，殷殷之人已故，无人约束，这贵族遗少，就更没有体统。入则深宅巨落，斜倚红床，喷云吐雾，出则青楼妓院，醉卧纱绸，红藕花中。纵是美女娇妻，也劝不住，连那膝下小儿情趣，也懒得去听。已是穷途，更入末路。

这对黄素琼来说，怎一个不如意了得？她只好寄情钢琴、学习英语、自己设计服装，在压抑的老屋中黯然地消磨着自己的心事，企望别开天窗、另生希望。

好在还有张茂渊，同是李菊藕的杰作，张茂源，却是另一番情境。李菊藕为了控制张廷重不出去学坏，宁肯给他做过时的红粉衣，穿不兴的旧花鞋，而对张茂渊却管束甚少，甚至允许她穿男装、学西学。相比张廷重，张茂渊更有一种进取的意兴和特立独行之风。

张茂渊和黄素琼年纪相仿，所学相同。在张廷重那里得不到的琴瑟和鸣，反而成就了姑嫂间的高山流水。当张茂渊想要出国留学时，黄素琼便以监护陪学之名，跟随她漂洋过海。

为了摆脱旧日的牢笼，她还为自己取了一个新的名字——黄逸梵。她终于逃离了她的不堪的夫，却也舍下了一对娇憨的儿女，那时，张爱玲4岁，张子静3岁。

在张爱玲的记忆里，母亲以留学名义的第一次离开，没有多少痛。即使人在身边，她对她，也不过是一个远远的西窗烛，跃动着她看不懂的孤独而躁动的火焰。

守护张爱玲的只有佣人，在《私语》中，她写道，“只记得被佣人抱来抱去”，即使被佣人抱去了母亲的房间，也没有拥抱，只有“跟着她不知所云地背唐诗”，而且，“她才醒过来总是不甚快乐的”。

她们只是程式上的母女，偶尔套用一下亲情的公式，本该有的母女依恋是非常淡薄的。

临行前，母亲伏在床上哭，说不上是心痛儿女，还是更疼惜自己。佣人为了催促母亲，把小小的张爱玲推上前去，母亲并不理她，继续哭自己的。小小的人老老实实地说了佣人教给她的话，“时候不早了”，便只剩下手足无措。

她也晓得母亲是悲痛的，可那悲痛她管不了啊，就像她管不了母亲不能抱她一样。这样的冷淡，冷淡着就深入到张爱玲的骨髓里，默化成为她性格的一部分。

对于张爱玲来说，父亲的堕落、母亲的远离，都是伤害。后来，贵族遗少的乌烟瘴气的生活，成了她的故事背景，而一览水天宽的新式女性，则成了她一生无法开解、无法逾越的心伤。

离别，是为了更多一次离别

桃花既远，野菊入梦。对张廷重来说，无妻便无重，来去一身轻。因此，黄素琼前脚刚走，他就把堂子里的女人——一个叫老八的姨太接进了家门，南燕不归，雀客为主。

小张爱玲还没有来得及品一品母亲不在的滋味儿，就被父亲强压着编织着他的新生活了。新生活不算坏，老八是妓女，自有的心酸让她很善于琢磨人事。相比黄素琼，她多了一点笼络人心的细腻。

她很抬举小张爱玲。她带她出去看戏，用一整块的丝绒给她做新衣，又迫不及待地问她：“喜欢我还是喜欢二婶（黄素琼，张爱玲小时候名义上过继给伯父家了)?”小小的人满心欢喜地简单一衡量，脱口而出，“喜欢你”。

一场惯性冷漠的记忆，总不如乍暖旋热的面对面。赤裸裸的热情，实实在在地入了小人儿的心了。小儿最是稚嫩，藏不了心思，诡不过道义。老八是喜欢亲着她捧着她的，这感觉在母亲那里是找不到的。

可这样的记忆也是伤害。她怎么能够忘记母亲呢？她怎么能让她那高傲的母亲比不过一个不谈情义的女人呢？

此时的张廷重虽然沉迷着，但终究是轻松的。他喜欢在老八昏暗的屋子里，考较女儿功课。屋子是黑沉沉的，不过，总算还有家的温暖，人性的色调也还算和谐。

然而，老八也终于暴露了她的本性，她是遍赏山河的浮萍，做了一个短暂的安生的梦。战乱一起，她的梦也就醒了。遗老遗少们是要逃命的，然后偷生一隅，可她还有着能叫响天地的可能。她不会迁就一抹斜阳而抹杀自己的朝气。

又是一场争吵，老八一个痰盂砸过去，打得张廷重头破血流。本以为有美人可语，谁知不过是流水无情。

一个魂梦都沉下去的男人，连自己养着的女人，也还是管不住。张廷重终于品出来涩滞的杂味来，夜深梦醒，他想要重新做人了。

张廷重打发了老八，戒掉了鸦片，又给黄素琼写信求得原谅，用的是深具情愫的古体诗：“才听津门金甲鸣，又闻塞上鼓鼙声。书生自愧拥书城，两字平安报与卿。”

家外是纷乱的战事，家里，倒准备好了欢迎一场久别重逢的安宁。可是黄逸梵，能给这个暗沉的家庭带来几度温暖呢？

国外归来，黄逸梵也有意重整山河，他们搬了新家，置了更为华美的器具。色调相冲但又繁华一统的风味，让一家人为之振奋。

两个小小的人也着了迷一样，围着母亲，看她如魔法一般变幻出新童话书，招待一批又一批“风流蕴藉”的人物。

母亲有意培养女儿洋式淑女的风度，带她弹钢琴、学绘画、讲英文，恣意地营造优裕的生活风。

过惯了昏天黑地生活的张爱玲，忽然发现天高地迥，宇宙无穷，如沐春风。最美妙的，是母亲偶尔带着她穿过街道时，还会牵起她的手，那是一种近乎冰冷的刺激。她不敢相信那是爱，却又迫不及待地想要相信那就是爱。

烟光正好，柳风扑面，张廷重也享受这样的飘然乘兴。为了永久地留住黄逸梵，他不再拿生活费，逼着她花掉她的钱。他把她当作灯蛾，以为钱是她自由行走的光。灭了灯，蛾就不再有飞的资本。

可她不是蛾，她更渴望自己是鹰，当然她也不是鹰，她是富贵花中一蝴蝶，富贵让她有飞的命，人为的狩猎，造就了她一飞再飞的运。

有如社燕与秋鸿，相逢未稳还相送。不久，两人很快协议离婚。姑姑和母亲一同离家，两个新时代的女性，渴望自创一个新世界。

和解的短暂，离别的突然，甚至不够母亲生出对两个小人的依恋，也不够这个家庭把绚丽的色彩描绘进每个角落，就一头跌进更深的破碎和混沌中。

连理拆，余香不再。原有的陈腐古旧，随着母亲的离开重新浮上来。而父亲，则是彻底地沉下去了，不留余地。

忘却，是为了更好地记住

小树新芽，雏鹰乍飞，张爱玲满腔海阔天高的计划，对父亲就越发地不喜，她说：“我把世界强行分为两半，光明与黑暗，善与恶，神与魔。属于我父亲这一边的必定是不好的……”

好在母亲争得了探望权，张爱玲还有去母亲家的自由，这对她，是最大的安慰，看到母亲重建的新家里的“生在地上的瓷砖沿盆和煤气炉子”，她都觉得世界总算还是美好的，仿佛人生终究还有一丝希望。

此时的张爱玲对母亲已经表现得格外依恋，只是那个几度光明几度暗的家庭并没有教会她如何表达，她甚至不会撒娇。因此，当母亲再度出走法国时，她表现得格外漠然，只是，当母亲走远，她忽然泪崩，她在《私语》中说是“哭给自己看”。

母亲一辈子都在离别，她的每一次出走，只是为了更多一次离别。相见不如不见，有情何似无情。她像一阵不负责任的风，不停地敲打女儿的门窗，女儿开了门，她却又飘远了。

母亲走后，她依然常常去姑姑家，因为“姑姑的家里留有母亲的空气”，听姑姑说异国情怀、新潮观念，如饮甘露。

那花园洋房里曾经流动的风韵，让她心动，那随性浪漫的世界风情，让她神驰。一切至美，仿佛天都变了颜色，地也改了妆容。

她在极力捕捉母亲的气息，却是以最笨拙最无用的方式，以最不动声色的方式，以最让人心疼的方式。

此时的她，已经表现出极具孤独的气息，世界太冷了，就蹲下来，自己抱抱自己，把一颗凡心缩进肋骨里，加了门，上了锁，避免它直视人生的痛，对人事假装浑然不觉。

儿女面前的空白，不知道填补成了何人的精美画卷。小爱玲猜测着，却还是对母亲充满依恋。在寂寞中徘徊的小小的人儿，对母亲的身影越是难以捕捉，就越是喜欢浓墨重彩地在心间描绘，附上金边，描上重影，供奉在心中，慰藉那颗敏感而失重的少女之心。

“然而来了一件结结实实的，真的事”，父亲再婚，后母入局，本来只是两个大人之间的战斗，终于不可避免地扩散到两个孩子身上。池水新碧，幼童老伤。后母的孤狭、善妒、喜鸦片，使两个孩子的生活变得更加阴暗深沉，也更加不得已。

好在张爱玲已经住宿到学校，天际孤云来去，与地上的冷烟人家不相干，各自冷眼，暂时无战火。

岁月的风吹着破碎缠绵的日子，也终于迎来了春，却更加寒冷。

张爱玲16岁那年，黄逸梵又从国外回来了，她此次回国的目的，是要带女儿出国。她也是一个母亲，她也有传统的望子成龙梦，只是作为离婚母亲，儿子，她是得不着的，于是在女儿身上尽下功夫。

当张爱玲满怀殷切地对父亲说她想要出国留学时，张廷重勃然大怒。留学，是他的心头大痛，当日若不是妹妹留学，又怎会引得黄素琼出走？她走了，自己变成了黄逸梵，还顺手拐走了骨肉亲妹，如今她又要来拐走女儿了吗？新仇旧恨，挤压完了他不多的父爱。

对女儿，张廷重也曾怜爱。当他们一起背书，一起研读红楼旧梦时，他也是一个像模像样的严父。女儿在 14 岁写就《摩登红楼梦》，他还雀雀然地为之编写回目。

只是生活死了他的心，也阉割了他的感情，在黑沉沉的岁月里，他看不得“欢腾着远去”的任何迹象，尤其是儿女。

对黄逸梵的无法把握，让他对儿女生出扭曲的控制之心。前妻成不了他的肋骨，儿女却实打实是他的骨肉，他们因他幻化而来也最该随顺他沉浮上下。女儿留学，就意味着又一场背叛，又一场革命。他如何能够容忍？

沪战爆发，这桩事不了了之。

不过，母亲始终是张爱玲的希望，她的人是蓬勃的，她的生活也是色彩斑斓的，点火樱桃，荼蘼如雪，三花两蕊都是春。因此，她经常找借口去母亲家，那一次更是一住就是两星期。

在父亲，因为阻止了女儿的留学之路，有了暂时性的胜利，还没觉得怎样。在后母，这却成了天大的忤逆。她也是懦弱着的吧，在小家庭里滥施淫威才能感觉出生活的一点点虎虎生气。张爱玲刚回来，两人就发生了口角，后母不由分说一个大耳光扇过去。

这暴怒，如雷霆秋雨，打得张爱玲发懵，她本能地想要还手。后母却早已尖叫着跑上楼去，一边喊着“她打我，她打我”。张廷重趿拉着拖鞋奔下楼来，揪住女儿，劈头盖脸就是一顿拳打脚踢，还锁了大门，将她监禁在空房里，扬言要用枪打死她。

张廷重的一生，经历了太多的变革，太多的无可奈何，他懦弱了一生，逃避了一生，这一回，就像回光返照一样，他决定要豁出命来，也要保住一点点独属于自己的成绩。

像不像《金锁记》里留住长白的七巧？欲望愚痴，技巧拙劣。留不住活的，就留下死的！自己弄死的，到底还是自己的成绩！

母亲三番五次的离别，只是割碎了张爱玲的爱的能力，多少还给她剩了一点点小小的自怜。父亲这一次赌上她性命的痛打，也没有伤筋动骨，却彻底让她成了落花流恨。

后来，当张爱玲与胡兰成离婚时，她说“我将萎谢了”，其实，她的花期，是早在父亲的这场暴力中就已经命定下了。

父亲在与他自己的命运进行最后的撕扯时，也将她的情感扳离了正确的轨道，她变得敏感脆弱，自艾自卑，她喜欢春花秋月，却又害怕春风春寒让人魂梦惊飞。

越是痛，就越是不敢正视痛，她宁愿用恨来怨解这一场心伤。被父亲锁进闺阁的半年多，她在心房的锁上又加了锁。日子久了，连自己都忘了钥匙在哪里。

无所谓了，生命本来就是一场无风起浪，至于有狂风，浪碎悬崖，惊涛拍岸，又有什么两样？都是天上之水，来自岁月，退回岁月。

惜多才，怜薄命，萋萋多少恨。张爱玲的童年和少年，都幽禁在遗少的烟幕之中，她一个人，承担了两代人的痛。

她锁住心扉，只是希望忘记，可是忘却，是为了更好地记住。

所有的旧事，被打碎成只字片语，哗啦啦从生活中打着旋飞舞而来，被她用曼妙的手法揉进一个个春愁秋恨的故事里去，看似不着痕迹，实则到处都是蛛丝马迹。

张爱玲曾经被父亲囚禁在阴暗的地下室半年之久。《半生缘》中顾曼桢被姐姐和祝鸿才囚禁的情节，“窗棂上的破玻璃成为锯齿形，像尖刀山似的”，花园里的紫荆花的枯枝在风中摇摆，曼桢想起人家说“紫荆花下有鬼”，这时候，曼璐派人来将囚室用木头钉牢，“那钉锤一声一声敲下来，听着简直锥心，就像是钉棺材板似的”……

在写下这些句子的时候，张爱玲的心，也跟着又死了一次吧。

牢笼破，有彩凤飞

愁云淡淡雨萧萧，暮暮复朝朝。

被囚禁的房子，是张爱玲出生的那座民国初年的小洋房。就是这座房子，一家人也是进进出出几个回合了。

这里有太多的记忆，像重重叠叠复印的照片，如今又加了最凶险决绝的一抹，要抹杀一切。明明头上是赫赫的蓝天，眼里却只有癫狂，连阳台上的栏杆都生了疯癫，张牙舞爪地阻在那里，痴心着要和她一决高下。

16岁的年纪，到底是噼里轰隆活跃着的，这场囚禁，把她对遗少父亲的爱囚禁了，却让她的思想变得更加活跃，她筹划着，筹划着，在脑子里画下一条又一条逃跑路线，排雷一样排除一切障碍，看门的巡警、墙边的鹅棚、当啷啷叫响着的大门……

然而没等张爱玲筹划好，一场大病轰然袭来，将她狠命地拖向死亡的界限。她得了严重的痢疾，父亲和后母并不予医治，仿佛真下了决心任她自生自灭。

她昏沉沉躺在那里，看着对面房子门楼上挑起石灰的鹿角，底下两排小石菩萨，这是她的全部视野，她筹划逃离时能够感受到的赫赫的蓝天也见不得了。

人病了，心疲了，活跃着的思想也累了，像荒原生出了杂草。晨昏梦醒，她甚至无法确知这是哪一朝哪一代，她又是哪一人哪人女。在生死的边缘，灵魂像钟摆一样来回引渡着，仿佛尽力助她挣脱开这生的源头，然后赤条条来去了无牵挂。

从小带着张爱玲的佣人何干偷着向张廷重求情，这个狠绝的父亲，才终于来看女儿，也带来了医药。

张爱玲的命是保住了，可是自此，她对父亲仅留的那点骨血至亲之爱，在她心里却彻底地勾销了。张廷重病逝后，张子静给张爱玲打电话，她只是清清淡淡地说了一句："我知道了。"当然，这是后话了。

身体恢复后，张爱玲趁着戒备松懈，迅速找到一个机会，趁夜逃脱了张府。出了那个阴森的大宅院，外面也还是阴冷的街，可不管是那幽暗的灯光，还是那黑沉沉的墙壁的影子，看着都是亲切的。

她快步走着，仿佛要飞起来。她还晓得和黄包车夫讲价。苦难，俱往矣，幸福，尘埃落定！新的生活在断过的旧日子里一点点生根发芽，长出娇艳的枝桠来。那是新的她，却还是脱不了旧的根基。

没多久，《大美晚报》（张廷重经常订阅的报纸）就把张爱玲的这一遭遇变成了耸动视听的新闻，他们启用了张爱玲用英文写成的讨父檄文，那字里行间，不知道有多少仇恨，就看那标题，字字都是火炮炸药，带着强悍的报复色彩，“What a life! What a girl′s life!（这生活！这姑娘的生活！）”

即使时过境迁，张爱玲想起父亲和后母，依然心生荆棘。在她红极一时时，还忍不住把被关押这件事又细描了一遍。只是那时，她的报复心已经淡了，那自以为跳脱出命运的灵魂，站在身体的上空，不动声色地阅览着历史，欣赏着自己的被虐，也庆幸着逃走的机智，然后为自己打上一个别样的标志。

如此种种，皆成过往。但种种过往，却一点点沉积下来，凝固到张爱玲的思想深处。她曾经说过：“个人即使等得及，时代是仓促的，已经在破坏中，还有更大的破坏要来。我常用的字眼是荒凉，那是因为思想背景里有这种惘惘的威胁。”

不管是变化的时代，还是来去穿梭的家人，已经如密码一样存进她的血液里，在她活着的时候，绑架着她，胁迫着她，品味人生，爱与恨，情与仇，没完没了。也唯有她的生命终了，这些威胁，才会淡定地走远，到更深的历史背景中，成为别人解读张爱玲的资料。

这显赫的旧家声啊，爱它，它无动于衷，恨它，它也不形于色，只是在灵魂的深处，如鼓点般敲着，疾疾，徐徐，似乎给人警示，却又分明让人沉迷，时而让人荣耀振奋，却更多地给人沮丧颓废。

只是，即使现在，人们一提到著名作家张爱玲，也还是会附加说明，哦，她是李鸿章的重外孙女。

说的又是这显赫旧家声！

二、母女怨，留恨余年

用一整个青春去懂你，又用一生去恨你。
时光老了才看透：比岁月更长的，不是恨，
是依恋。

女儿的荒废岁月，是母亲惊艳的时光

灯前一觉黄粱梦，惆怅起来山月斜。黄素琼一生都在追梦，女儿那些被母爱荒废的岁月，正是她最惊艳的时光，然而也只是梦，梦里飘扬一场，醒来不过柳絮翻飞，春逝花老。

和张廷重一样，黄素琼也是出于贵族，长于豪门，养于深闺，教于传统。她甚至裹了小脚，不爱读书习字，却最喜欢学校，因为那里能让她肆意追赶风潮。

初嫁时，郎是金童，妾是玉女，羡煞众人。可人生得意早，不知后世艰。几度春秋后，才发现所托非人，幽怨不已，越发地怀念旧日校园风光，那时虽不懂诗词歌赋，却处处是诗酒文章，本希望绝美地绽放，难道要如此埋根于荒原？

明日黄花蝶也愁，在张廷重这阴暗处苟活，黄素琼自是心不甘，情不愿。恰五四春风吹来，自由、民主之风越来越盛，新女性不再满足于从属地位，而更执着于追求自由、平等。

女性自我意识的启蒙，造就了一个“娜拉”出走的时代。在这样的背景下，黄素琼一定要挣扎出这命运的罗网，活出自己想要的模样。

这个身未动、心已远的女子，在前往英伦的客船上，给自己取了一个名字，“黄逸梵”，这是她的人生姿态，飘逸地行走，修得一颗清净之心。然而，她修的，是自己的清净，是儿女的离苦。她的一生，是海角逢春，而她的女儿，却终归天涯为客。

和小姑张茂渊出国，正是好花竞妍时节，又是展翅试飞之初，趁朝阳，借好风，扶摇直上九万里。极目世界河山，不再只有硝烟古道，随处是新鲜。她走千山、过万水，在阿尔卑斯山滑雪，踏着一双三寸金莲滑成了飘逸的仙子，翩若惊鸿，婉若游龙。

万里归来年愈少，不复当年无梦时，于是有了与张廷重的彻底决裂。那时，黄逸梵已是海棠经雨胭脂透，浸润了西方自由的思想，她变得更加明媚成熟，也更加睿智坚定。张廷重还万般不舍，她却果毅决绝。

她看得很清，张廷重是老画屏，一年旧似一年，她自己则是青鸟，心在蓝天。她可以落于画屏，却不愿意和画屏一样做别人的背景。她也看得很轻，她也许会眷恋画屏，眷恋曾经栖息的旧巢，还有那旧巢里遗落的羽毛，但她不会沉迷，她终究是要飞走的。

母亲的果敢，直接形成了张爱玲在爱而不得时的果断，可惜母亲烈火辩玉的经历，并没增加她慧眼识珠的睿智，她还是一遇渣男毁终生。

离婚后，黄逸梵和小姑一起，住豪华的房子，过华丽的日子，生活有仆人侍奉，出入有专车司机。可这样恣意的生活，也还是没有阻止黄逸梵再次远行。

如果说第一次出国，只是为了寻一个好梦，是一场试飞，而这一次，黄逸梵却有了固定的航向，开始着手实现梦想。

她曾学习弹琴、唱歌，张爱玲在《对照记》中描述："天生的肺弱听起来像是吟诵诗句，总是比钢琴低半个音阶，于是她抱歉地笑笑，娇媚地解释"；又学习油画，和徐悲鸿、蒋碧薇同住一栋楼，徐悲鸿在欧洲办画展，她是受邀的两个西方画家中的一个。

她如同走进了世外桃源，正欲穿花寻路，直入白云深处，浩气展虹霓。可惜她有功成名就的梦想，却没有刻苦努力的决心。那些颇有小资情调的兴趣，召之即来，终究都成了闲散的娱情，以及社交的手段。很多名人和她私交甚好，除了徐悲鸿，胡适也是她的座上客。

不过生活总是充实，日子依然浪漫，她甚至有了一个做皮件生意的美国男友，也有了更加坚定的方向——学裁制皮革，为上流贵族做手袋销售。

她四处游走，去埃及，到东南亚，考察市场，购买皮具材料。可惜回国后正遭遇战事，梦想搁浅。不久后再度出国，旅行，已经成了她固定的行程，造梦，是她一生的规划。

张爱玲投奔她之前，她并没有详细的贴身教养女儿的计划。她只是希望女儿能有更高的视野，更广阔的空间。

然而女儿和父亲的彻底决裂，凝滞了她行走的脚步，她不得不空下两年的时间，专门来教育女儿。因为不得已，女儿就成了她的牵绊，成了她全部的不耐烦。

阳光好处，别有一番凉凉

情若连环，恨如流水。在经历了软禁、逃离这场人生的重头戏后，张爱玲对母亲和父亲有了更清晰的感情线。在这条感情线上，又生发出她一生的梦想和规划，她要像母亲一样，走得更远，飞得更高，活得更自由，美得更惊艳。

张爱玲以为，纵是动荡岁月，日日冷风寒霜，只要慈母在，就是安居安稳。然而满心扑奔的母亲，又是一个活在时代夹缝里的新旧人，她一生都在离别，又哪里能给儿女安稳安心？

初时，母亲，也有柔情暖意，女儿，也是小鸟依人。然而这只是久别重逢的一瞬，镀在各自身上，打上薄薄的一层爱。就是这爱，那上面贴着的，也不是温柔，而是看不见的细小荆棘，稍不留意，就落得个两败俱伤。

黄逸梵尽职尽责，事无巨细，把自己的人生经验一股脑传授给女儿。在《天才梦》一文中，张爱玲写道："她教我做饭；用肥皂粉洗衣；练习行路的姿势；看人的眼色；点灯后记得拉上窗帘；照镜子研究面部神态；如果没有幽默天才，千万别说笑话。"

一个教得认真，一个学得迟钝。张爱玲不但不会削苹果，不会补袜子，不会织绒线，走过多年的路还是会迷途，住了多年的屋也弄不清门铃的位置。

时日一久，黄逸梵赫然发现，这个女儿，左也不是，右也不能，纵是万般调教，也没有一点自己年轻时的样子，更看不出半点优秀卓越。

她不禁感到极度失望，为自己凝住脚步不甘，对不能追随恋人远行而懊悔。“我懊悔从前小心看护你的伤寒症，”她告诉女儿，“我宁愿看你死，不愿看你活着使你自己处处受痛苦。”

她甚至对女儿此时已经出现的怪癖，“怕上理发店，怕见客，怕给裁缝试衣裳”，感到不齿，却完全没有意识到，她对女儿的鄙视，把女儿推向更深重的孤僻自卑的泥沼中。

她到底是一个因优裕而惯于闲适的凡人，不耐于深度造化。对她自己如此，对女儿，如是。

此时的张爱玲开始重新审视对母亲的爱。她在《流言》中写道：“我一直用一种罗曼蒂克的爱，来爱着我的母亲的。飘忽不定的，幻想才最多，美好也才最容易编造。”

飘逸远走着的母亲，对张爱玲就是神秘美好；而朝夕相处着的母亲，对张爱玲，则是夺命利器，一刀一刀割碎她对人生的憧憬，一刀一刀割开她对母亲的依恋。

其时正值战乱，物价飞涨，黄逸梵唯一的经济来源就是分家产得到的祖传古董，而战时古董有价无市，她完全陷入经济困顿。可她又必须收留女儿，为培育她，还得支付一小时 5 美元的昂贵的家教费。

贵族小姐，遗少太太，上流社会自由的追梦女郎，哪一个身份都扯不上困顿，只因为女儿来了，她忽然有了捉襟见肘的感觉。

她习惯的浪漫生活，和三五知己凑牌局，和一二知音研究艺术，在女儿开口要学费时忽然变得遥不可及起来。

她惶惑，愤怒，不由地要给女儿白眼，时不时把“都是为了你”挂在嘴边，“这周没去喝咖啡，都是为了你”，“这个月没添新衣服，都是为了你”……她的理所当然，成了女儿心中最沉重的负担。

虽然同为贵族小姐，但张爱玲和母亲又不同，她很小就体会到金钱得来的不易。母亲离开后，遗少走的是更快的下坡路。为了交钢琴学费，她每次向父亲要钱，父亲就会长久地沉默。本以为那是父亲对她的不喜，可如今向母亲伸手，遭遇的是更直接的难堪。她“为母亲的脾气磨难着，为自己的忘恩负义磨难着”，她从父亲那里逃出来了，在母亲这里，她已经没有退路。

最最伤害张爱玲的，是她在香港读书时，历史老师感念她的聪慧刻苦，自掏腰包奖励她 800 港元，张爱玲郑重地将其寄给母亲，母亲却轻率地将这笔钱输在了牌桌上。

在女儿，寄钱是感恩念情，在母亲，这钱却是说不清道不明，她怀疑女儿和老师私通。这些琐碎的难堪，终于一点点毁了张爱玲对母亲的爱。

高高在上的如偶像仙子一样的母亲，如今走近了才发现她不过是一介凡胎。因着曾经的崇拜，这平凡就显得更加“鄙俗”，也更容易引起厌恶。

张爱玲对母亲的感情线也变了，没了寸寸柔肠，只有斤斤计较。她像一个叛逆的小兽，决定要反出母亲的掌心。

她知道母亲为她牺牲了很多，因此，她狠命地学习，发誓要还掉母亲的钱，就像哪吒还了父母的肉体凡胎一样，自此两讫。

大概因为母亲不是她最安心的依靠，她笔下的母亲，也多没有贴心的温暖。有的，甚至阴森如鬼魅。

《半生缘》、《倾城之恋》中，母亲都是冷漠的旁观者，无奈却又推动着悲剧深度发展。最恐怖的，依然是曹七巧了，她伤害儿女的手段就是黄金的枷。在张爱玲内心深处，对待800港元的态度，暴露的岂不是黄逸梵持有的黄金枷锁？

母女怨，终和解

都说寸草若生心，不忘报答三春之晖。多年以后，张爱玲功成名就，在终于攒了一点钱后，她拿着两根小金条找上门去，微笑着说：“我一直心里过意不去，这是还你的。”

一个“还”字，就了了全部的母女情：你我之间是账，还了就完了。母亲被这个不带任何感情的中性字激得落下泪来。

母女俩并没有明确表示分道扬镳，但这以后却真的是一个走阳关道，一个踏独木桥，张爱玲后来旅居美国，而黄逸梵则定居英国，母女俩从此音信稀少，相见无缘。

就连黄逸梵的临终遗愿，希望见女儿一面，张爱玲都没能如其愿。倒不是她真的无情，是她此时穷困潦倒，连去伦敦的机票都买不起了。

尽管如此，她还是给母亲寄去一张 100 美元的支票。此时，她表达的是深重的思念，可这样的行为，对母亲，岂不又是一种了断?

一个月后，母亲去世，尘缘彻底了断。可血缘和情感，又岂是这样轻易就完结的呢?张爱玲得知讯息后，大病一场。

她不得不再次“为自己的忘恩负义磨难着”，尤其是当母亲将她的全部财产——一箱价值连城的古董——都寄给她之后，这磨难就更加深重。曾经以为还的钱，终于又成了亏欠，到底还是交割不清。

当张爱玲老了，想起平生心事，不过是一场销黯，却无人可诉，永日无言，暗想当初，有多少母女相见欢的机会，终究断送，岂知聚散难期，翻成雨恨云愁。

她变得更加孤独乖僻，母亲却再次成了她的希冀。她常常面壁而坐，喃喃自语。曾有访客见她如此，问她是否需要帮助，她说：“我在与我的妈妈说话呢！来日，我一定会去找她赔罪的，请她为我留一条门缝！我现在唯一想说话的人，就是妈妈!”

从前的二婶，终于完整回归为妈妈。在妈妈面前，张爱玲再次成了孩子，在毫无忧虑的襁褓里，在不知愁苦的童年中，在偶尔过街时牵住她的手掌心，在仰望“仙子”主持的明媚欢快的聚会。

黄逸梵，曾经是张爱玲的整个世界，后来成了她的世界观，现在再次成了她的全部世界，没有世界观。

母女怨，终和解，重度的孤寂孤独，让她在追寻母爱中再造了一个神话。一个关于母亲的神话，一个关于自己一生的神话。在这个神话里，她有机会将母女之间的相杀改成相爱，有机会热烈拥抱一个冷漠的世界，去感受它原来也有温暖。

只有如此，她的心才能够获得安居安稳。母亲，是她受尽磨难后心之终极归处。

三、出名要趁早

就是要快快踏上巅峰，哪怕刀光剑影。只有一骑绝尘、横空入世，才能抵销曾经的压抑。

少年才，学不浅

碧桃天上栽和露，不是凡花数。张爱玲是个少年天才。张子静说："她自小就展现出对文学的特殊兴味，灵敏慧黠，深得长辈喜爱。"在张子静的眼里，母亲黄逸梵喜欢姐姐更多一些，咿呀学语时，她就在她的床上，跟着她吟诗诵词。

其实父亲一样喜爱女儿的才华。7岁，张爱玲已经铺纸研墨，规划长篇，一起笔，就有一股摧山撼岳的豪气：话说隋末唐初的时候……宏大的历史，时代的断面，她是不惧的。那才情，华丽丽地透纸而出，连一向阴沉的父亲看得也笑了，他是骄傲的，为她灌输古典文化的，是他。

但他是枯藤老树，还是更自在古道东风。他希望她只做个大家闺秀，再有才，请个私塾先生，只需静静地在家里施展才华就好。

这是他的坚持，是他赖以生存的古风传统。

黄逸梵却是红杏枝头，更愿意闹出春意。她热爱群体的学校生活，认为那更健康、多元，也更能接受新的思潮。她是站在时代前沿的人，为女儿铺设的也是一条先锋之路。

张爱玲10岁时，母亲黄逸梵一再要求让她去上学，父亲起初坚决不同意。两人争执不下，黄逸梵干脆“绑架式”地将她送进小学，张廷重无奈接受。

如果说父亲为她奠基了中国古典文学基础，那么母亲又为她打开了西方世界的思想之窗。一面是黑白陈腐却不乏厚重，一面是鲜嫩精致却也有苍凉。

东西互补，古今相续，丰富的思想输入，为张爱玲写文章提供了更为深刻的素材。即使正值豆蔻年华，尚未识愁滋味，却仿佛阅尽人间，笔墨深处，竟是整个人生。

圣校年刊《凤藻》发表了她的处女作——《不幸的她》。12岁的她，颇为老成地说：“人生聚散，本是常事，我们总有藏着泪珠撒手的一天！”后来，张爱玲又爱上了《红楼梦》。此时，母亲远走他乡，后母冷淡，但父亲还残存些许柔肠。

看小女沉迷于研读《红楼梦》，禁不住一腔感慨，他也有自己从没开始、却无法结束的红楼梦想，煊赫家世，豪奢生活，贵族末路，不过是南柯梦一场，他解其中味，自然有话说。

这是张廷重在家里最活跃的时期，也是对张爱玲最关注的时期。小书房，女儿未梳妆，书声琅琅，不娇憨，却让老父柔肠百转。父亲，在触摸别人的历史中，咂摸自己的人生。女儿，却在品味父亲的感慨后，写下了自己的感悟。她的人生，何尝不是另一段红楼梦魇?

中学毕业，张爱玲已文采斐然，笔锋更加老道。17 岁，她挥笔写就《霸王别姬》：“夜风丝溜溜地吹过，把帐篷顶上的帅字旗吹得豁喇喇乱卷”……她的独到之处在于，仅仅靠描写景物就把故事的背景色调和人物的情绪色调刻画得深邃清晰。

这样的描写最为读者称道的当然要数《金锁记》中那段：“年轻的人想着三十年前的月亮该是铜钱大的一个红黄的湿晕，像朵云轩信笺上落了一滴泪珠，陈旧而迷糊。老年人回忆中的三十年前的月亮是欢愉的，比眼前的月亮大，圆，白；然而隔着三十年的辛苦路往回看，再好的月色也不免带点凄凉。”

就连傅雷都评价说这是作者最独特的风格，“色彩鲜明”，“收得住，泼得出”，“新旧文字的糅合，新旧意境的交错，恰到好处”。《霸王别姬》相对《金锁记》还有不足，但精巧的构思，文章的深度，已经让人拍案叫绝。张爱玲的国文老师汪宏声甚至说：比郭沫若的《楚霸王之死》有过之而无不及。是否谬赞，每个读者心中都有数。

凤起蛟腾，入浅水一湾

啼鸟还知如许恨，料不啼清泪长啼血。

父亲的沉沦，母亲的决断，让张爱玲把世界看得更加真切。但真切的社会是冷的，能温暖她的，就只有能走自己的路，而她的路数，却只有勤学苦读。

她原来有规划：“中学毕业后到英国去读大学……我要比林语堂还出风头，我要穿最别致的衣服，周游世界，在上海有自己的房子，过一种干脆利落的生活。”

可软禁如毒，大病抽丝，劫数，乱了她的头绪，乱了她的梦。能周游世界的，是金钱，能过干脆利落生活的，是财富。

尤其是住到母亲那里，多如牛毛的琐事，最终剥落出一个让人无奈的真谛：有钱没钱才是命数。

母亲非常明确地告诉她，钱有限，“如果要早早嫁人的话，那就不必读书了，用学费来打扮自己，如果要继续读书，就没有钱来买衣服了”。

好梦总是容易破碎，噩梦却难以驱逐。早早嫁人，谁知会不会遇到像父亲一样的穷途末路？继续读书倒是好的，终归可以用自己的双手来织就自己的锦绣前程，可这就意味着舍弃，青春如白驹过隙，她没有选择，只能将自己交于无情的岁月。

黄逸梵爱时尚，常自己设计服装，耳濡目染中，张爱玲也爱极精致的服装。

喜欢老八是因为衣服，厌恶后母，衣服也脱不了干系。在《流言》，张爱玲对后母那一件暗红的薄棉袍简直深恶痛绝，“穿在身上像浑身生了冻疮”，可却得“穿不完地穿着”。最后出走美国，也是因为参加文化活动时，她穿了旗袍去，丁玲批评她该和大众一样穿灰蓝中山装，她害怕一个统一无色的世界，决定离开。

她对服饰有一种狂热的偏爱，可这一回，为了理想，她只能再次活进穿古旧衣服的暗日里。

因为没有退路，张爱玲学起来非常刻苦，焚膏继晷、挑灯夜读、坐薪悬胆，又心无旁骛。苦心人，天不负，她终于以远东地区第一名的成绩，考上了伦敦大学。

却不料，时值第二次世界大战爆发，伦敦大学暂停招收留学生。张爱玲的出国梦，再次破灭。她被转往香港大学。

那也是一座陌生的城市，还不是向往的归处，也许一如既往有滞重的冷酷。但面对让她无力的过往，自此绝尘而去，也称得上是一个美好的去处，至少那里有自由，能让她追逐梦想。

带着母亲留学时提的小手提箱，张爱玲上路了。天是碧的，地是暖的，心，也是快乐的，就连离别的伤情，都是轻落落的。

回头再看上海，灯红酒绿依然在，人影氤氲。亲近的情，带不走，冷漠的恨，凝重在那，心，还是痛的。走吧，走个彻底，走到一个新的山头，那里总不会又是冷清新一秋。

果然，人未到，暖风熏，又是一重山水一重昏。在《倾城之恋》中，她这样写道："望过去最触目的便是码头上围列着的巨型广告牌，红的，橘红的，粉红的，倒映在绿油油的海水里，一条条、一抹抹刺激性的犯冲的色素，窜上落下，在水底下厮杀得异常热闹。"

一样的繁华，一样的属于他人，她，还是要归属自己的落寞，还得自卑着自己的落魄。在《小团圆》里，有这样一段话："在这橡胶大王子女进的学校里，只有她没有自来水笔（只能用蘸水笔），总是一瓶墨水带来带去，非常触目。"说的正是她在港大的境遇。

她明明出自簪缨世家，却终成阮囊羞涩，因为没钱置办舞裙，她在校三年都没有参加过一次舞会。又是不能尽兴穿着的时光。

功成名就后，有一个时期，张爱玲极度钟爱鲜明刺激的服饰："最刺目的玫瑰红上印着粉红花朵，同色花样印在深紫或碧绿底上。乡下也只有婴儿穿得。我带回上海做衣服，自以为保存劫后的民间艺术，仿佛穿着博物院的名画到处走，遍体森森然飘飘欲仙，完全不管别人的观感。"（《流言》）大概就是一种物极必反的放肆，她要借了这刺目的服饰，抚慰心灵曾经的痛苦和酸楚。

在港大的日子，张爱玲还是寂寞的，思念不浓，但愁忧甚郁。她兴冲冲走向世界，越近却越发现有一个世界终容不下自己，她失了兴致，只好再次返回内心的孤独。

没有别的幻想，她便把全部的心思都用来读书。读到深处，恨不得把自己也嵌入书中，演绎书里人生。因为作者即是主宰，即使写的是悲剧，可文字越是痛，人物越是哀，作者就越是有胜利的喜悦。

优良的成绩，卓越的文学修养，让她在富豪子弟群中悲凉地贫穷着时，又生出一种格外的优裕来。就像是憔悴风雨柳，自有一种半烟半雨的魅力。江山有待，未来可期，暂作潜伏也经意。

流年蹉跎了青春，才华惊艳了岁月

花翩翩飞风弄蝶，柳荫荫罩水逐桥。大学时光，最适合纤云弄巧，飞星传恨，人约黄昏，金风玉露。女生、男生，在这里都忙着编织风花雪月，贵族、非贵族，在这里也都急于追逐时尚新潮流。

张爱玲是没有这样的闲心的，除了肉眼可见的贫穷，她还有一个赴英的希望，母亲走过千山万水，而她刚刚迈开步。世界，依然在地球的那一端神秘着，香港，不过是另一个开始，她希望有更好的冲刺。

还是挑灯夜读，还是刻苦努力。青春岁月，又是流年度。张爱玲唯一的快乐，来自好友炎樱，她喜欢她跳跃的灵性，喜欢她率真的性情。

炎樱说："每一个蝴蝶都是从前的一朵花的鬼魂，回来寻找它自己。"为了这重归，为了这寻回，她们不知踏遍了多少花丛，不知道饱览了多少蝶舞。在那万紫千红、山花烂漫中，一个小艳疏香，一个颦轻笑浅。少女的青春，又何尝不是寻归的花魂？

除此以外，张爱玲就穿梭在仪礼堂、梅堂、陆佑堂的山径之间。瘦长寂寞的身影，惊不起风中蝶舞，也留不住柳下桃溪。她只是寂寞着，未填新愁。

她的学业始终是好的，她自己说，"能够揣摩每一个教授的心思，所以每一样功课总是考第一"，尤其是那一支笔，柳絮才高，妙笔生花。

大学一年级时，上海黄氏兄弟（黄嘉德、黄嘉音）主编的《西风》杂志创办三周年征文比赛，张爱玲的《我的天才梦》获奖。

那句如今脍炙人口的"生命是一袭华美的袍，爬满了蚤子"自此诞生。一语成谶，她晚年时，已经不再属意华美的袍，可她却始终怀疑上面爬满了蚤子。依然是粗劣时光的诡影，从前，印在她的心里，以后，遍满她的生活。

因为比赛限定字数，她删来改去，只得了末奖，又看到头奖字数超出很多，心下愤愤，以至于后来她总认为“得奖这件事成了一只神经死了的蛀牙”，只有痛，没有任何兴奋可言。

到底是娇花嫩蕊，小情急绪，得意于名利欲望的小成就，失意于欲望名利的小挫折。少年时，她常常伪装成老到，可只有老来时，才读懂少年的稚嫩痴顽。

尽管如此，张爱玲对文学的爱好，还是有增无减。在港大的日子里，她读过很多中外优秀名著。弥尔顿英文原版的《失乐园》，她读了一遍又一遍，直至背诵如流，依然难舍难弃。这使她的英文成绩和文学修养都得到了迅速的提高。

之后，张爱玲又接连获得了两个奖学金。按校方的规定，照这样的成绩，毕业后就可以直接保送英国牛津大学深造。

本以为是柳暗花明，前程似锦，谁知又是一场销魂梦断，灰飞烟灭。战乱起，日军入侵，香港沦陷。战争，就像挑了时间，掐准了她每次起飞的时刻降临，阻断了她的梦，也疏离了她的人情。旧恨春江流不尽，新恨云山又千叠。

港大一时成了战地医院，战火、伤员，和着沉痛的断梦，纷至沓来……

张爱玲在《烬余录》中描绘着：富豪女同学们纷纷叫嚷着没有适当的衣服穿。她们总是花枝招展的，水上聚会有水礼服，隆重的晚餐有晚礼服，可战时该穿什么样的衣服呢，没有哪个时尚告诉她们。就有那穿着赤铜地绿寿字织锦缎棉袍的蹲在地上劈柴生活的，自有一种不合时宜的挣扎和不耐。战争在抹杀着她们的优雅，她们又企图用优雅嘲笑战争，自不量力的愤世。

她还说"还没弄清防空的责任是什么，战争已经结束了"；战火纷飞，大家各自逃难，战后重聚，却是兴致勃勃地发现了吃的喜悦；战后做看护时，她更是直白寡淡地表现出自己的冷血："我是一个不负责任的、没良心的看护"，恨那因疼痛而怪叫着的伤员，连他想要点水的要求也不能满足，"我告诉他厨房里没有开水，又走开了"……

这描写，很有一种鲁迅笔下看客的麻木，她却并不愚昧。龙应台评价她说："她完全不动感情地录下悲惨世界的图像"，"她对于自己的自私和冷血，有一种抽离，仿佛将尸体解剖学提升到艺术层次去欣赏"。的确，可她连讲自己被父亲囚禁并喊着用枪打死她的时候，用的也是这副腔调。

她在《烬余录》中说："时代的车轰轰地往前开。我们坐在车上，经过的也许不过是几条熟悉的街衢，可是在漫天的火光中也自惊心动魄。就可惜我们只顾忙着在一瞥即逝的店铺的橱窗里找寻我们自己的影子——我们只看见自己的脸，苍白，渺小：我们的自私与空虚，我们恬不知耻的愚蠢——谁都像我们一样，然而我们每人都是孤独的。"

她就像她承认的那样，自私着，没有悔改，却把这自私也玩弄于笔端，写出花来，如罂粟，妖冶着，挑动人的心弦。她太看重那暗色的调子，以至于把自己的冰冷也都拿出来，大大地嘲弄一番，却一点也不想打开心，放进一点阳光来。

在散文集《打人》中，张爱玲说，"我不愿意看见什么，就有本事看不见。"她一生的悲剧，早就植根于她对自己的这种态度里了。悲剧造就了她的冷血，冷血反过来续写了她个性命运的苍凉。

仿佛她的人生，只是手中那一支笔的载体，为了笔端生花，她这个人才踏进繁华，碾碎尘沙。

浮光潋滟，淌不过流年，往事已如烟。

一座城市的陷落，成就了她

雨弱云娇，更显得山明水秀，战火硝烟，倏忽间踏碎了如画江山。战争，从来只有破坏，然而张爱玲却在流离人群中看到了那几许成全，这才成就了《倾城之恋》。有人说，那同样也成全了张爱玲。

香港沦陷，张爱玲在港大做了一段时间的看护后，重回上海。而上海，同样是“孤岛”，在外，只有西欧国家的租界还未被侵略者控制，相对自由安全；在家，母亲又出走国外，她能住的家，只有姑姑那里。千里归路走尽，身在家门，也是飘零。

不过对张爱玲来说，姑姑似乎比母亲更有家的感觉，尽管后来她要付租金，打碎一块玻璃也要仔细作价偿还，但这反而没有了母亲给她的那种“忘恩负义”的逼仄感。两人在金钱和恩义上是平等的，反而更容易谈感情。

张爱玲在《私语》中说：“现在我寄住在旧梦里，在旧梦里做着新梦。阳台上看见毛毛的黄月亮。古代的夜里有更鼓，现在有卖馄饨的梆子，千年无数人的梦的拍板：‘托，托，托，托’——可爱又可哀的岁月呵！”

住在梦里又何妨？人生何处不是梦？不过是新梦套着旧梦，偶遇噩梦，生出绮梦。虽雨打浮萍不住，暂时也算尘埃落定。

为了延续中断的学业，张爱玲有意转到圣约翰大学。“圣约翰”对当时的年轻人来说，意味着“优雅无比的英语和欧美态度的生活”，这也是张爱玲一个优雅的梦。此时张子静也考上了复旦大学，因为战乱而停学，姐弟俩决定同时报考圣约翰。

可圣约翰是贵族学校，学费高得惊人，张爱玲一介学子，毫无经济来源，从哪里找到这笔学费呢？姑姑投资失败，生活拮据；母亲，初时未联系上，好不容易有了联系，也只是劝她嫁人，张爱玲怕了那句“为了你”，不再回信。最后，张子静自告奋勇地回去找父亲。

只有张廷重自己知道，女儿的离开对他意味着什么，家人几散尽，更觉虚空。他将女儿的房间原封不动地封好，不允许任何人进入。每当日暮消沉，或是风雨乱舞，他都会去女儿的房间里坐一坐，勉力拾取楼头残梦。

因此，当儿子提到女儿想考取圣约翰时，张廷重几乎有一种山水重逢的欣喜。他要求女儿回家，天真地想借了这钱的力量，重新夺回女儿的爱，尽管他早已不是阔少，经济有出无入。

张爱玲回了家，见了父亲，却是冷冷的，淡淡的。旧时伤疤刚好，她不愿意任何人在这上面再做文章。张廷重也是慢慢的，轻轻的，却非常明确地告诉女儿：我会把钱给弟弟，让他带给你。

张爱玲是敏感的，这话又使她产生了一种来自钱的压迫感，对父亲的恨犹在，那刻薄的自尊也便顽强。后来，她和弟弟都考取了圣约翰，可入学仅仅两个月，张爱玲就决定辍学，理由是圣约翰并没有优秀的老师可以教到她。

姑姑几次三番地劝阻，张爱玲却始终坚持己见。她也许厌倦学校的教学方式，可她更厌烦伸手向父亲要钱。每月昂贵的生活费，像是一种凌迟手段，一点点磨蚀着她。

其实，在入学两个月的日子里，张爱玲发表了多篇影评和剧评，还给英文杂志《二十世纪》写了《中国的生活与服装》，不但收获了丰厚的稿酬，同时也获得毫不吝啬的赞誉，这给了她以卖文为生的信心。

她只是信任手中的这支笔，甚至没有考虑过战乱时期文字到底具有怎样的意义。那时，文坛最是寂寞，一些人沉默噤声，一些人直面战争，艺术被更现实的世界推远，文字，更多的成了枪炮的延续。

张爱玲对战争的冷漠和无知，反而成全了她的文字。她那样绚烂地写着春花秋月，在战火硝烟折磨里的文人贵族，终于找出了一点太平盛世的兴味来，自是爱不释手。

连张子静都说："'香港的陷落成全了她。但是在这不可理喻的世界里，谁知道什么是因？什么是果？谁知道呢？也许就因为要成全她，一个大都市倾覆了。成千上万的人死去，成千上万的人痛苦着，跟着是惊天动地的大改革……流苏并不觉得她在历史上的地位有什么微妙之处。'如果不嫌拟于不伦，只要把其中的'香港'改为'上海'，'流苏'改为'张爱玲'，我看简直是天造地设。"

当时主编《万象》的柯灵先生后来也说："日本侵略者和汪精

卫政权把新文学传统一刀切断，只要不反对他们，有点文学艺术粉饰太平，求之不得，给他们什么，当然是毫不计较的。天高皇帝远，这就给张爱玲提供了大显身手的舞台……”

隔离开战火硝烟，张爱玲小窗独坐，奋笔疾书，胸中万卷，笔头千言，一气呵成。很快，《沉香屑：第一炉香》、《沉香屑：第二炉香》出炉。

为了推广小说，不善交际的张爱玲经人（据说又是黄素琼的关系）介绍登门拜访了“鸳鸯蝴蝶派”的“哀情巨子”周瘦鹃。周瘦鹃主编过《半月》、《紫罗兰》等杂志，笔下多是痴情才子、如梦佳人。

周瘦鹃很喜欢张爱玲的文风，品了又品，读了又读，决定助其出版。不久，《第一炉香》在《紫罗兰》复刊后的第二期发表，周瘦鹃在卷首语写道：“请读者共同来欣赏张女士一种特殊情调的作品，而对于当年香港所谓高等华人的那种骄奢淫逸的生活，也可得到一个深刻的印象……”

小说一炮走红。为了吊足读者的胃口，《第二炉香》则分三期刊载，这并非张爱玲所愿，但这种推送方式恰到好处地将她的名字持续地留在了读者心中，并最终将她推到了文坛的顶端。正是好风凭借力，送我上青云。张爱玲的好梦，终于成真。

一时间，她成了文坛的宠儿，各种风格的杂志纷纷向她抛出橄榄枝，《万象》、《杂志》……如盛宴正欢，像海潮推浪，她趁热打铁，又出版了小说集《传奇》，里面除收录了《沉香屑》这两本小说外，还有《茉莉香片》、《心经》、《花凋》、《年轻的时候》、《倾城之恋》、《金锁记》、《封锁》、《琉璃瓦》几个中短篇小说。

每一篇，都有别样的才情，另类的风月，没有大是大非，只是寻常性情，却是深刻人性，让读者耳目一新。仅仅四天的时间，《传奇》就又再版，成了名副其实的传奇。

在《传奇》再版序言中，她写下了那句著名的话："出名要趁早啊，来得太晚的话，快乐也不那么痛快!"

也许只有她的母亲，那位国内第一批出走的"娜拉"，才懂得她的这种看似轻浮的快乐，有多么的厚重和难言，那是一种被压抑了太久的心性，终于看到了自我慢慢抽枝发芽的可能。

媒体推波助澜，为张爱玲加上了李鸿章、张佩纶后人的身份介绍，这使得她笔下的那些红楼旧梦，有了坦率真诚的面貌以及气势澎湃的底气。人们一边津津乐道着她的文字故事，一边索隐追寻着旧府红楼的秘密。正是急管繁弦，嘈杂人事，九转丹砂红又紫。

孤岛，成了她的孤岛，她，成了孤岛的她。一个人就是那一座城，一个时代又是那一个人。就像她笔下的《倾城之恋》，谁都抽离不了自己所在的时空，唱念做打不过是为了填满自己的空虚，将时间挤兑成历史，只不过错乱间竟然也有那么一点点妙处，一不小心圆满了自己。

抗战胜利后，张爱玲以同样的速度，在文坛销声匿迹。没有什么不可理喻，就没有什么理所当然。万事到头都是梦，休休。

四、岁月静好，现世安稳

终于不想做疾风里的劲草，只做指尖的娇花。可谁给我这片刻的温柔，让我绽放芳华？

折花不惜花，不是赏花人

东风恶，欢情薄。红尘往事里，一染轻落落的灰吊子，轻描淡写地就将一颗巨星啄落，让那满腹的才华只空寄予苍穹，上海的海，平静了，海上的夜，于是寂寞起来。

一提起胡兰成，人们常常要为张爱玲愤愤。他是一个“附逆文人”，没有风骨，已经够恶，还是一个负心汉，一路走，一路留情，一路辜负，常常是前缘未尽，后情已深。

在胡兰成的自传《今生今世》里，就如数家珍地记录了八个，个个都是盛情盛意地来，又绝美哀婉地走。文人泼墨，汉奸多情。

可事实是，他本无情，来去不过是欲望作祟，或是为逃亡寻安身。一旦情缘淡漠，是妻子他也可以见死不救，是情人，他也能够暴力加身。那唯美的文字，那雅淡的文风，不过是将一颗苟且、暗黑的心化作了倜傥风流的情。

一个，有着显赫的家世，贵族的血统，而另一个，则家贫四处碰壁（胡兰成是一个败落的文人），世故淡薄了人格。一个，是寂寞开无主，一个是睡卧花丛中。本不相干的两个人，却擦破烟尘，坠落情网。

她，像是含苞的嫩蕊，遇见第一缕清风，贪婪地表达着自己的满腔心事。而他，已经涤荡春秋，占尽春色（结婚两次），在不久的未来，还要吹落繁红。他们的相遇，注定是一场云魂雨魄，来得再猛烈些，再清高惊艳些，也注定倾盆赴地，漫洒江河。

世界有时候就是这样荒唐，可荒唐的又岂止是世界？

不管胡兰成是怎样一个混沌人浪荡子，可对情窦初开的张爱玲来说，他就是那个人，那个飞花穿梦的意中人。

她在散文《爱》中说："于千万人之中遇见你所要遇见的人，于千万年之中，时间的无涯的荒野里，没有早一步，也没有晚一步，刚巧赶上了。那也没有别的话可说，唯有轻轻地问一声：'噢，你也在这里吗？'"

你很难确定这"刚巧赶上"到底是一种遇见无赖的无奈，还是一种怦然心动的纯情。感情被割裂在时间的两端，也许当初，她是怎样的怦然心动，后世，就有怎样的淡漠和无情吧？

当然，这是一些人对她"出淤泥而不染"的想象。她本该高坐云端，不该有一个汉奸拉她入泥潭。可事实真是如此吗？

《小团圆》，被张爱玲研究者当成张爱玲的半自传体小说，张爱玲这样评论《小团圆》："这是一个爱情故事，我想表达出爱情的万转千回，完全幻灭了之后也还有点什么东西在。"

有人把这话解释为张爱玲的痴情，我更愿意把这解读成张爱玲对那段初恋的文祭，爱情，只因为爱了而值得记忆。

胡兰成出版的《今生今世》，重描细画了张爱玲，借了她的名头，他的形象就更加超脱风流。而张爱玲的《小团圆》，则有着深刻的自我剖析，那才真正是不为人所迫，不为事所胁，不为世道言说，就像她刚出名的时候所说的那句话："生命有它的图案，我们唯有描摹。"

对胡兰成来说，征服皆战绩，张爱玲有任何的红泪清歌，对他都是更深地印证了一段爱。因此，既然是绕不开的藤蔓，文祭这种解释，倒比任何的杀伐决断都更具有决裂感，不用划清界限，根本已不在一个世界里，干干脆脆，不留痕迹。

这样的张爱玲，有躲进她的孤高与纯粹中，生命对她，只是写作的一种赋格，写作，才是她生命的全部意义。

她晚年在一篇《自序》中曾慨叹："曹雪芹的《红楼梦》如果不是自传，就是他传，或是合传，偏偏没有人拿它当小说读。"

为什么我们不用读小说的态度来读《小团圆》呢？那样，胡兰成对张爱玲，倒也可以是清风明月了吧？

自比陌上花，花开与君赏

墙里秋千墙外道，墙外行人墙里佳人笑。

还没有见面前，胡兰成已经被张爱玲发表在《天地》月刊的《封锁》惊艳到。他就像一个散漫行人，冷不丁听到佳人空灵的笑声，隔着墙，放肆着想象，心是早就痴了。当他问老友苏青，张爱玲是谁，苏青给出的注释更是格外惹眼：女人！两个字给了他无边丰富的想象。

他在《今生今世》中写道："我只觉世上但凡有一句话、一件事，是关于张爱玲的，便皆成为好。"一个无情的多情人，情起风云，尚未情深深，已经雨蒙蒙。

此时的胡兰成，已经经历了事业上的几番跌宕、阵营的几番轮换，正在落寞休养。于是，他不顾唐突，竟找上门去。他并没如愿，只从门洞里递进去一张纸条。然而不久，他就获得了回访。这一访，就访出来一段荒唐的姻缘。

胡兰成颇有才名，因着苏青，张爱玲对他也早有耳闻，见到胡兰成拜访的字条，自然要感谢他的一番美意。

两个人在胡家初见，在张爱玲看来，他眉眼清秀，见多识广、精通时局、通古博今，他高谈阔论、口若悬河，可谓是字字生风拂面，句句化雨润心…

在胡兰成看来，她并不美，只是高大，神情颇高傲冷漠，似乎老练实则幼稚，别有一种浸在骨子里的魅力，他在《今生今世》中这样写道："我常时以为很懂得了什么叫惊艳，遇到真事，却艳亦不是那艳法，惊亦不是那惊法。"

两人并非一见如故，可胡兰成竟然一谈就是五个小时。张爱玲更多地在倾听，孤冷如她，竟也没有厌烦。

她在《封锁》有这样一句话："恋爱中的女人不爱说话，因为她知道，男人彻底懂了女人后是不会爱她的……"

《封锁》是这样一种色调：促狭在一个逼仄的空间里，对着一个陌生的人，人格不再被固化的成分所累，倒多了一点莫名的可爱。像没了风雨的温室，爱情花枝招展地生发了。

冥冥中，这也是她的爱情，不带任何世俗，没有任何牵绊，只是那个人，在那一个狭小的空间，以一种独特的韵律，拨动了她的心弦。

临别时，他送她出去，说道："你的身材这样高，这怎么可以？"这不是褒亦没有贬，在张爱玲，甚至有些惊诧莫名，但事后，胡兰成得意地说："只这一句话，就把两个人拉得很近。"他说给她的情话，也是格外不同的，他带着一种霸气的挑衅，走进了她孤傲的世界里。

之后，他们密切往来，几乎到了男废耕、女废织的地步。

对这段恋情，他未必没有动心，他后来回忆说："对人如对花，虽日日相见，亦竟是新相知，荷花娇欲语，不禁想要叫她。"仅凭了这文字，也是让人心动的吧。

张爱玲呢？一如她在给他的照片背后的话："见了他，她变得很低很低，低到尘埃里，但她心里是欢喜的，从尘埃里开出花来。"

脱了那层高傲华美的袍，她袒露的是一颗胆怯而又脆弱的心。她那样渴望一场轰轰烈烈的爱恋，哪怕像山火一样摧枯拉朽地烧下去，烧掉性命，烧掉人生，她也愿。没有文学，没有德理，只有腔子里的一口气，还有那口气护住的那颗红彤彤的心。

再继续看《封锁》，里面有这样一句话：女人就像冬天男人嘴里的一口呵气，你不要她，她就悄悄地飘散了……

不觉豁然，她如何不懂男人，如何不懂胡兰成？只是她放不过自己，她宁愿思想和心意相互背叛，也想要抓住一点什么，哪怕只有那么一点点什么，脱离了他，脱离了爱情的神话，最终总会属于自己。

陌上花，开了，并不在意阳光正好，还是风暴先行，只是在那时节，那是她的季节。

耗尽芳华，只为曾经的怦然心动

万里孤云人冷，对窗花烛太多。遇到张爱玲之前，胡兰成已经有了第二任妻全慧文，又有了一个爱妾应英娣。妻是大家闺秀，妾也美艳动人。

对妻他也曾恩爱，对妾他也百般爱怜，可一个喜欢锦上添花的又哪里在乎曾经的美好？至于连理，更不过是他欲望的由头。他既没有考虑过妻妾的感受，更没有顾虑张爱玲的伤情，只让自己尽情享受这欢愉与恣意。

妻在远方，相顾不得，爱妾却很快听到了风言，两人如胶似漆才不久，如今枕边人心另有所属，如何气得过？在张爱玲和胡兰成做客友人家时，爱妾打上门去。她本为挽留，却给了胡兰成借口，于是两人恩断义绝。

这样赤裸裸的薄情，这样混沌沌的情乱，张爱玲焉有不伤心之理？何况胡兰成本有汪伪的背景，一直被人非议。尽管不舍，但她还是发了狠心，明示他，她要的是一场婚姻，希望不再与他来往。

正是情高欲炽，尚没有别的新情，他如何能放弃？和妾了断了情感，又和妻办理了离婚，他要和她名正言顺。这不过是他的手段，借了她了断，于她，却是欢欣，以为终于得成所愿。

她的精明，有着反常的糊涂，亦或者说，她的糊涂，有着反常的精明。她的爱恋，是隔着世俗烟尘的，她的倾心，是不屑功名利禄的。因此，她才敢一仰头，无所顾忌地喝了那世俗的毒药，就像那荆棘鸟，用生命来点燃灿烂的爱情烟火。

她并不渴望长久，她知道他的薄情，这反而使她决绝而又快意地走进生命的苍凉，仿佛要榨取一份不属于自己的快乐，先自矮了一截。她说："我想过，即使你将来在我这里来来去去也好。"他是她的病，也是她的命。她注定要为他背叛全世界，她愿意为他散尽芳华。

说是名正言顺，其实只是一个草率的流程，没有法律程序，只有炎樱证婚；没有亲朋好友，只有一纸婚书。选择在尘埃里开花，最好的结局也不过是尘埃落定，风冷雨寒都是旁证。

洞房花烛，夫妻对视。张爱玲不忘用笔记录下这欣喜的时刻："胡兰成与张爱玲签订终身，结为夫妇。"胡马上提笔，在后面续道："愿使岁月静好，现世安稳。"婚书纸薄，只望情意浓绵。

然而，乱世里的爱情哪里有安稳之闲，乱爱的男人又哪里喜欢琴瑟调和？不久，胡兰成到湖北接编《大楚报》，这一别，不光是离别，还是情变。

汉皋解佩，再解佩，又解佩

清寒细雨情何限，不道春难管。为君沉醉又何妨，只怕酒醒时候断人肠。又是一场短暂的欢愉，又是一个精心的邂逅，胡兰成刚刚离开张爱玲到了湖北，就与武汉汉阳医院 17 岁的护士周训德织了一张新情网。

与张爱玲非常享受的相知相爱，悬挂到了历史深处，不如这近在眼前的软语温香，来得切实。若说他薄情寡义，那倒是看高了他。这个沦落了人格不惜做汉奸的文人，活得特别仓促，他只有情调玩弄当下，却没有意志保存历史，更没有思维去预存未来。

说起来，他也不过是一个自己的玩偶，被自己的胆怯和无耻吊着而不自知，还舞动着僵硬的四肢，欲揽尽香华。或者说，他，命里是蜘蛛，最擅长的，是织网。

很快，胡兰成就与周训德谈婚论嫁，为了满足周不做妾的条件，胡又举办了一场婚礼。推杯换盏、轰轰烈烈的热闹，彻底埋葬了张爱玲曾经带给他的惊艳，留给他的温暖，为他背叛了全世界的果敢。

而张爱玲，此时，还在那里自描浓情，书信一封接着一封。她不知道，她描得怎么生动，也救不活一颗枯死之心。

胡兰成曾经说过："我对于怎样天崩地裂的灾难，与人世的割恩难爱，要我流一滴眼泪，总也不能了。我是幼年时的啼哭，都已还给了母亲，成年的号泣，都已还给了玉凤，此心已回到了如天地之仁！"

玉凤，是他的发妻，为了给她治病，他四处借贷，处处碰壁。为了眼不见她的死亡，他住在向其借贷而不得的人家里，一连几日，终于不得不面对时，玉凤果然已经亡故。大概在此时，胡的人格和爱情就已经彻底沦陷，再没有活过来的可能。

如此，周训德成为陈迹，也就顺理成章、势所必然了。胡的下一任情人范秀美的出现，快得来不及用时间编排。这边受胡兰成拖累，周训德刚刚进了监狱，那边，他鼠窜狼奔，已经编织了新的情事。范秀美还是胡兰成同学的庶母，但那又如何，只要能给自己一个暖意的安慰，收了，就是利益。

原来，岁月一直不曾静好，感情，从来没一刻安稳。胡的誓言，全部兑现为"胡言"。而他亦不避张爱玲，从武汉回到上海，就带给她新娶妻（周训德）的通知。从武汉逃到浙江，又对千里寻夫而来的张，大方地展示了和范秀美的恩爱。

断送一生憔悴，只消几个黄昏。他，给了她这样的"黄昏"。

风散雨收，雾也轻，云也薄

她，未必没有凝愁嗔恨，未必不曾断肠伤怀。清冷院落，残灯明灭，繁星点点，俱化作相思泪。然而，再怎样的感情震动，也躲不过那曾经的卑微情怀。她，不动声色地全盘接纳，她，毫不迟疑地倾囊相助，不管是胡，还是胡的胡来。

她还是痛的，她说：“那痛苦像火车一样轰隆轰隆一天到晚开着，日夜之间没有一点空隙。一醒过来它就在枕边，是只手表，走了一夜。”

一而再，再而三，她终于痛得醒过来了。没有怒发冲冠，只是终于可以披荆斩棘了。张爱玲经过几番痛苦挣扎，终于写好了诀别信：

我已经不喜欢你了，你是早已经不喜欢我的了。这次的决心，是我经过一年半长时间考虑的。彼时惟以“小吉”（劫难）故，不欲增加你的困难。你不要来寻我，即或写信来，我亦是不看的了。

此时，他已静好，安身在某个学校教书，而她为了让他更安稳，随信又把自己的30万稿费全部都寄给了他。之后，她决绝地转身离去，正如她决绝地投入他怀。她没有摘下发钗，在她和他之间划一道银河，但他，是再也跨不过她的心海了。

她仅有的情深意长，也用来为这份爱做终止的修饰了。她说："我想过，我倘使不得不离开你，亦不致寻短见，亦不能够再爱别人，我将只是萎谢了！"

一段尘缘往事，终于可以画上一个句号了。然而，在她，却是一个伤感的叹号，和一串迷离的省略号，至爱就是至殇……此时，即使一段真爱摆在面前，她亦是不敢爱的了。

时间不对，可人却来了。他，就是桑弧。将他带来的，正是张爱玲编写的剧本《不了情》，他，是导演。

经历了胡兰成这样的凶滔骇浪，桑弧简直就是世外桃源、片红初瘦，干净得让张爱玲舍不得伸手去触摸，生怕一碰，那脆弱的美好就成了昨夜半梦。

两人在一起，恍惚间像是两小无猜，他们都有失爱的童年，他们常为此相拥相惜。倏忽间又是咫尺天涯，隔着一个弃她如敝履的胡兰成，她看桑弧，总觉得哪里不够，或者他不够爱她，或者自己已经年老色衰、历经俗世，又或者她不被他的家人所喜。她又渴望，又迟疑，似淡定，其实惶恐。

桑弧则又是另一番情境，他始终小心翼翼地呵护着她，害怕唐突了她。他也极力想要拉近她，可她是他需要供奉的高级信仰，他几乎是毫无指望地爱着她。

两人心照不宣，都有一个世俗的梦想：有一间不大起眼的小房子，有两三个嬉闹着的小孩子，两人茶余饭后互相打趣着对方的幼稚可笑……可两人又不约而同怀疑理想照不进现实，不是自己不够理想，就是对方不够现实。

她在《小团圆》里形容这段爱情更像是初恋，似乎她更愿意把那满腔的纯情都托付给他，洗却前尘，才更让她无憾。

可惜这段爱情，只是被当成绯闻在坊间传扬，始终没有走到光明正道。在《小团圆》中，她说："我不后悔遇见。"不是团圆，却是圆满。

生命里的过客，并不是占据主要篇幅的，才成为对人生格调的画龙点睛之笔。桑弧，是张爱玲生命里的最美，他，治愈了她的最伤。

五、盛世飘零晚景伤

流水落花春去也，多少恨，已成大浪淘沙。

天上人间都美，心上的孤独却熬成伤。

心有千千结

真是花开花易落，瞬间两轮回。解放后的张爱玲，几乎是一夜间就在文坛销声匿迹。倒不是她江郎才尽，实在是受累于胡兰成。胡兰成给张爱玲带来的，还不只是情殇，更多的是“汉奸”声名的重负。

张爱玲为之写作的出版社，不是消隐了，就是不敢再和她合作。原本众星捧月，此时门前冷清，孤傲的她，不解，却也无奈，满腹才华，无以为语，只有斜倚小窗，暗自忧伤。

彷徨间，著名报人唐大郎向张爱玲约稿。好事近，她却更犹疑，顾虑再三提出用笔名写作。文章是写了，篇幅也不算短，《十八春》，在《亦报》连载的时候，用的却是“梁京”的名字。

文采依然，情节曲婉，却是不相干的作者，不干脆的表达。基调厚重了，却多少有些被挟持的感觉。她是要表达的，她要接纳一个新的世界，要揉碎自己原有的杂陈。可那表述，还是太生硬，她不熟悉的世界，写着写着连自己也糊涂了。

不管怎样，《十八春》和以往的作品一样大受欢迎，甚至让著名作家夏衍也为之动容。在上海召开的第一届文艺代表大会，夏衍是主席，他指名请张爱玲参加。后来，上海人民艺术剧院成立，夏衍作为首任院长，又想请张爱玲做编剧，但有人提出了背景问题，她被否定了。曾经饮下的胡兰成那杯毒酒，迎来了第二场发作期。

再写《小艾》，她的创作文风有了更大的改动，那桀骜不驯的冷酷，被一些说不清道不明的温暖横插进来，毁了她孤冷清高的格调，也毁了她旷世脱俗的文风，高傲的头颅伏下来，浮躁暗流就涌上去了。可惜这精心构思的长篇，还是受了冷落。

不久，张爱玲远走香港。柯灵认为这“是很自然的事，既然感到格格不入，不合则去，正是各行其是，各得其所”。

临行前，张爱玲和姑姑约定，不再有只言片语的联络。这样决绝地去，是疲惫挣扎后的武断，还是寻求自我的自信，谁也说不清。只是上海的夜，澄静了，上海的月亮，留在她曾经用过的朵云轩信笺上，化作了泪滴，渐渐陈旧、模糊了。

锦瑟年华无人度

西风吹柳絮，人南渡。

张爱玲离开了上海，重回香港大学，准备完成学业。但这并不是她此行的目的，她要的，是一个稳定的未来，是一个看重她的世界。

在办理复学手续的日子，她没有如期现身。原来，好友炎樱在日本召唤她，让她到那里工作。她欣喜而去，却败兴而回，那里，也不是她的存身之处。再回香港，良机已去，她被港大拒之门外。微云淡月，树影山重，曾经的得意地，却成了失意城，对着闪着霓虹灯的江水，她一时无语凝噎。

名气不再有用，生存便成了问题。张爱玲不得不去美国驻港新闻处，做了翻译。凭着过硬的英文功底，她把海明威的译本做成了经典。她还用英文完成了小说《秧歌》、《赤地之恋》。虽然当时的美新处大大肯定了她的作品，并促成其在美国出版，连《纽约时报》也对之赞誉有加，但它们在香港却大受冷落，人们不喜欢这种非张的张文。

之后张爱玲转向美国，她一直幻想的能“比林语堂还出风头”的日子眼看着不远了，模糊间，自己又开始了神采飞扬的日子，可定神看，却是镜花水月，她的两部小说在美国市场几乎无人问津。

广厦豪宅千万间，自身无片瓦，山珍海味千万珍馐，她却食不果腹。为了生计，张爱玲只得先后进入爱德华·麦克道威尔基金会文艺营、亨廷顿·哈特曼基金会文艺营等从事英文写作，沉潜，蓄势待发……

不久，她认识了美国左翼剧作家赖雅。这是一个理想的马克思主义者，热情豪爽，而又满怀民众疾苦。在她面前，他没有倜傥风流，才华也并不横溢，他有的，只是一颗朴素的热情的心。而她此时尘烟满面，溺水多时，她需要一双坚实的臂膀，她需要一腔无私的温情。

温情无限好，只是臂膀柔弱了。风中榆钱，可以随风曼舞，终究是无力回春。穷困潦倒的赖雅，生活无着落，身体也是每况愈下。张爱玲不得不一边写作，一边照顾赖雅。赖雅几度中风，及至后来，张爱玲完全是拖着一个瘫痪的病人四处奔波，生活一塌糊涂。

困倚危楼，过尽飞鸿字字愁。期间，张爱玲呕心沥血写就的英文长篇小说 *Pink Tears*（《粉泪》）未能出版，让她的生活雪上加霜。

为给赖雅治病，她不得不为香港电懋影业公司撰写剧本。大多数剧作都很卖座，却鲜有佳作。她的灵性，卡进了贫瘠的生活夹缝中，为生存四处奔走的她，连把灵性救出来的时间都没有。

才华断了线，生命只剩下斑斓。

愁多怨极，老来都等闲

花黄，叶不红，又值秋风，往事思不得，心念一转已断肠，无尽的哀伤。人过中年，夕阳有限。贫困和奔忙让张爱玲感受到了时间的逼仄，她说："时间加速越来越快，繁弦急管转入急管哀弦，急景凋年已经遥遥在望。"

她的豪情死了，悄然而没，被时间冲散了，被磨难冲散了。她自己在那部晚年作品《同学少年都不贱》里感慨道："那云泥之感还是当头一棒，够她受的。"然而她也只有接受，为了生存，只是为了生存，只能为了生存。

东风流转，春花几度。到20世纪60年代，皇冠杂志社创始人平鑫涛（琼瑶丈夫）发掘了张爱玲，出版了她的《怨女》。之后，又接连出版了她的很多作品，至此，她在台湾才又找回少许繁华。可对她来说，早就失去了"出名要趁早"时的快乐感。

不久，赖雅病逝，她又成了孤零零的一个人，连那种为生活而算计的慨叹、作品再无新意的幽怨，也无人能与之说。生活里那丝有点馊了的暖意，也流走了。

她不喜伤情的落日楼头，也不用矫情的栏杆拍遍，她想要的，只是一片空山幽谷。山不青，没有关系，草不翠，也不关情，只要那块空地，能让她自由游走。

在最初的孤独过后，反而是清清静静。没有了这丝丝缕缕的牵绊，隐居就成了必然。晚年的张爱玲，完全是“躲进小楼成一统”。当然，躲，可能是躲了，“成一统”却未必，她是懒得想的。

20 世纪 80 年代中期，她的作品在内地又开始热了起来。学者、作家纷纷发表文章，赞誉她的才华。有人还专门邀请她回国，她婉拒了。大千世界的思维，不适合去衡量她。清风撩拨她，未必懂她。明月映衬她，还是不懂她。她，已经不需要有人懂她。她只仰起头，无知无觉地看着时间度她。

1995 年，在洛杉矶西木区，一间简单的公寓里，她与世长辞。她躺在房间里唯一的一张行军床上，穿着一件赭红色的旗袍，表情安然。六七天后，遗体才被房东发现。

想那房间也定是寂寞的，家具是没有的，四壁也空旷着，就连厨房，也少人间烟火，碗是纸做的，刀叉，是一次性的。她住进来的时候，是轻轻地来，走的时候，也是轻轻地走，连手也没有挥一下，不留余情。寂寞是你的，与她无关。

这就是她，这才是她。

林徽因

——出水芙蓉凌波踏镜

人只有将寂寞坐断，才能重拾喧嚣；把悲伤过尽，才能重见欢颜；把苦涩尝遍，才能自然回甘。

——林徽因

她的著名，不因倾城；她的倾城，却举世闻名。若曹植相见，必然叹洛神神采，黯然失色。浪花淘尽英雄几许，在她面前，都是清风，不敢言多情。

她不是惊鸿，也不做游龙，只任一江春水，荡起莲花羞，掩不住，绿碧红荷，映日头。

她用艺术气质，浪漫了一生，花前月下，自不可少，墙里墙外，也是看红不断，诗人、公子，还有哲学小生。她也懂人世常情，做凡花结果，不理春风，不望秋月，固守矜持，幸福了一生。

豆蔻年华，她满载了浓情的诗意，在烟雨迷蒙的伦敦，谱一曲康桥绝恋。让诗人陷入迷境。倏忽间，她已入名门，与冷静温柔的公子，步入围城。她的冷静，让诗人吃惊，她的柔情，却又让诗人不敢忘情。

围城于美人，从来都是禁锢。可于她，却只是保护。酸心醋意，公子未必没有，可锁住蛟龙困美人，却不是英雄本色。他，已经是她的一生，夫复何求？星移月走，公子终于学会宽容。

于是，太太的客厅，鲜有倩影红晕，多是才子豪情。浓茶、咖啡、香烟、软座，旖旎奢浮。纤手瘦腰，引七尺男儿口若悬河，珠落玉词，让邻家女子醋语酸言，白眼翻尽。

一旦战事硝烟起，多情也好，无情也罢，皆成空。可她的身边，却始终有一个哲学小生，相伴相随。公子在，小生随。公子不在，小生依然相伴。如此缠绵，成三角恋，本是争端，然而她坦然，公子安然，小生也终于淡然。在这乱世浮尘中，他们不再谈爱恋，只以亲情相见，如双山环水，浑然天成，倒也风流。

一个时代的美女，一个美女的时代，如荷花之曼舞，虽碧叶翻风，绝代倾城，却红尘不染，珍爱自洁。

私人档案

中 文 名： 林徽因

外 文 名： Phyllis

原　　名： 林徽音

国　　籍： 中国

民　　族： 汉族

出 生 地： 浙江杭州

祖　　籍： 福建闽县（今福州）

出生日期： 1904 年 6 月 10 日

逝世日期： 1955 年 4 月 1 日

职　　业： 建筑学家、作家、诗人

毕业院校： 美国宾州大学美术学院

主要成就： 参与国徽设计、参与天安门人民英雄纪念碑设计、改造传统景泰蓝。

代表作品： 《平郊建筑杂录》、《晋汾古建筑调查纪略》，诗集《你是人间的四月天》。

家世背景：父亲：林长民，段祺瑞内阁中的司法总长；叔父：林觉民，革命烈士，《与妻书》作者。

婚姻状况： 1928 年 3 月 21 日，梁思成与林徽因在加拿大温哥华举行婚礼。

经典语录：

感情有时候只是一个人的事情，和任何人无关。爱，或者不爱，只能自行了断。

像我这样的女人，总是以一个难题的形式出现在感情里。

一个女子的寂寞就是这样的不堪一击。如果一个男人对我伸出手，如果他的手指是热的，他是谁对我其实已经并不重要。

蓝色是天空的疾病。

一、比干后裔多一窍

只有长大成伤后，才忽然想起童年那一幽古井，在岁月的最深处，淡淡地照出孤单身影。

追忆比干成旧事

千古忠肝义胆，万里河山无限，往事岂无言？

在林家的历史的背景中，有一个忠心耿耿的老臣，吟诵着“主过不谏非忠也，畏死不言非勇也，过则谏不用则死，忠之至”，明知赴死，却迈着坚定的步子，一步一步，走向那个暴虐荒淫的昏君，走向与腐朽的彻底决裂。

他就是比干，是林氏祖先。这是一个忠烈的起点，也是林姓后人寻根的源头。他，为一门人奠定了一个忠正不畏的基调。

林徽因的家族，福建闽侯林氏，就是其中的一支后裔。这原也是一个名门望族，只是官场多落寞，传到林徽因的祖父林孝恂一代时，已经沦落为布衣。林孝恂以教书为生，心中却有大愿，几度科考，终于考中了进士，与康有为同科，还被授予翰林院编修，从此，步入仕途。

但在京城为官，拼的不是学识，不是能力，而是家底。曾有个京官做过这样的曲子："淡饭儿才一饱，破被儿将一觉，奈有个枕边人却把家常道。道只道，非唠叨，你清俸无多用度饶，房主的租银促早，家人的工钱怪少，这一只空锅儿等米淘，那一座冷炉儿待炭烧，且莫管小儿索食傍门号，眼看这哑巴牲口无麸草，况明朝儿家分子，典当没分毫。"

林家以林孝恂起家，做的又是俸禄不高的编修，别说家底，糊口都是问题。为了走向更高更好，林孝恂故意在翰林院年度甄别考试时，写错一个字，用这种暗语向主考人表明自己离京的意愿，并最终如愿。

比干的忠心赴死，对君王对时世都是一种不可承受之重，重如泰山。而林孝恂的离京，对家族对时世，则是一种四两拨千斤之巧，绝处逢生。

一个高高在上，要的就是劈开泰山的豪气与舍我其谁的壮烈，一个小小不言，能就能在厚积薄发的隐忍与积累。道义虽不可同日而语，精神的传承却可以等量齐观。

辉煌有辉煌的冷淡，冷淡有冷淡的辉煌。离开京城，林孝恂果然风生水起，他历任浙江金华、孝丰、仁和、石门、海宁诸州县知县。

为官清正自不必说，文治武功都颇有绩效。在崇福为政时，废八股，兴学堂，在浙江为官时，连一直活动猖獗的盗匪也很少出没。他虽有书生意气，但为官务实，不但广学博识，还练技艺，学医术，百样玲珑。

至于家学后传，林孝恂就更为重视，儿子林长民，从小得父亲真传，就是女儿，也没有偏于女红一隅。林徽因的童年教育，多来自于姑姑林泽民。

代理杭州知府时，林孝恂还设立了家族私塾，私塾设东西两斋，东斋延续旧学，西斋引进新学，新学中还有外教教授英语、日语等课程。

这种不忘旧而能纳新的传承，这种中西合璧的教育，使林家民字辈一代在混沌开天的时局下，早早就有了家国的大局观和自由平等开放的前卫思想。后来在黄花岗起义中牺牲的林觉民、林尹民，都在这私塾得到启蒙。

祖父开明辽阔的心胸，懂取舍、知进退的智识，远大的理想抱负和求实务本的生活技能，都成了林徽因思想的背景底色。她选择的建筑专业，就是集艺术与现实为一体。正是这个专业，使她在历史局限下开辟了女性的新天地，也让她的人生格调不只有虚浮的浪漫，更有厚重的传承。

林徽因的父亲林长民，是民国初年的书生逸士，颇有家国情怀。他早年曾就读日本早稻田大学，却是五四运动期间最早的抗日派。

他在当时非常有影响力的《晨报》上发表了多篇文章，言辞慷慨，震动人心，成了五四运动的主要思想引导人之一。他有见识，有抱负，能忍辱，能担当，可惜的是，时局动荡，战火纷飞，壮志未酬身先死。

祖父给林徽因的，是人生的智慧，而父亲给林徽因的，则是一种境界和情怀。

战乱年代，贵族子弟纷纷躲避硝烟、离家去国，可林徽因却逆光而来。她在国外留学，学成后拒绝了留美的机会，回国在东北大学创建了建筑系；后来在逃亡时病重，好友费慰梅、费正清夫妇邀请她去美国任教、休养身体，她再次拒绝。

她只是一个轻小的女子，却也是一个雄伟的丈夫。她不能揭竿而起做豪义，却可以身体力行建山河。当今人轻薄，常说她有“绿茶”特色，大概只粗陋素描了她曼妙女子的一面，有谁体会了她忠于江山的壮志情怀？

在李庄避难期间，儿子问林徽因，日本人打到这里怎么办，林徽因淡定地说：前面不是有一条江吗？

她无愧于比干的忠义，更有文人的浪漫和纯真。国破家亡，强贼入侵，没有了退路，也还有一个干净完美的去处，随惊湍直下，哪怕跳珠倒溅，摔碎了，呈现的，也是晶莹，还有剔透。

以星代月空追光

疏影横斜花树小，一春幽事有谁知？

一百多年前，在水滟山蒙的杭州，在风光迥异的6月，在显贵画戟门中，有一个传奇女孩降生，这就是林徽因了。

自古景色百般好，赋与红颜三尺哀。西湖的秀水，养育了林徽因飘逸脱俗的气质，而她的童年故事，又给了她一个深重的人生底蕴。

出生时，她就尽显粉妆玉琢的可爱，但她并没有尽得宠爱。她是长门长女，祖父祖母、父亲母亲、五个姑姑，对她本该是众星捧月，然而她到底是女孩，在那个时代，男孩是继承，女孩只是点缀，无奈何，以星代月，空有追光，一切从影，那些所谓的宠爱，也像阳光倾落，边拥有边失去着。

对一家之主祖父来说，她是家族希望的开启者。他给她取名“徽音”，取义于《诗经·思齐》：“思齐大任，文王之母。思媚周姜，京室之妇。大姒嗣徽音，则百斯男。”

文王所以圣，因为周朝有三母，文王的祖母、母亲和妻子皆贤良，以妻太姒为最，她继承并发扬了家族美好的声誉，更加端正贤淑、庄重诚敬，因此为周文王带来很多优秀的子女。

这是祖父对林徽因的祝福，他希望她一生端庄典雅，因贤得福，他更希望她是吉祥儿，为林家带来满堂儿孙，为林家带来光辉与荣耀。

她像是一枚家族徽章，一出生就被以美学的名义设计着，被以家族的希望烘托着。似乎没什么不好，可到底少了小儿的娇憨。

蹒跚学步时摔倒了，只能自己慢慢站起来，咿呀学语后呼唤，回应的也多是典雅精致的励志语言。

她的美国好友费慰梅说：“她的早熟可能是因为家中的亲人把她当成一个成人，因此骗走了她的童年。”

其时，林孝恂创功立业，使家道中兴，林长民雏凤清声，更上一层，正是门楣光耀、本支百世的时候，林孝恂自然希望林家代有才人出。

林孝恂的妻子家学渊源，聪慧貌美，能书会画，而且性情温良，为人端慎。可林徽因的母亲何雪媛，却出自小户富家，在家受万般宠爱，诗词不学，女红不会，为人做事却极是任性。离开父母，她的人生被彻底颠覆，进到婆家，悲剧就此开始。

能的是婆婆，常吟诗，会书法；美的是小姑，个个蕙质兰心，多才知义；唯独何雪媛，没有一样突出，却又毫无耐性。

不能获得丈夫的欢心，又被公婆小姑厌恶，她变得寂寥、幽怨，甚至歇斯底里。生了孩子，本该是她翻身的依托，却再一次成了她的败绩，弄璋不成，弄瓦失意。

在林家满园的春光中，何雪媛像是无声落絮春堕泪，只有茫然的忧戚，只有零落成泥。她的凄凉、暗沉、幽恨成了林徽因童年的基本色调。

好在林徽因的容貌遗传自祖母的多，倒惹得祖母怜爱，为免受母亲无知和坏脾气的影响，祖母将她带在身边，享绕膝之欢，做悉心之教。

祖母不但长于女红，还喜爱诗词，尤其工于书法。这让小徽因很是受益，她后来虽不以书法而闻名，但其清秀典雅、材质动人的作品却广受好评。

由于父亲长期居外，大姑林泽民自觉担负了对林徽因的启蒙。林泽民深受父亲林孝恂的影响，学贯中西，诗词歌赋样样通，琴棋书画都出色，就连科技之学，也知晓甚多。

待字闺中的林泽民，没有闲愁旧恨，倒是一腔热情。她带着小徽因吟诗作画、弹琴对弈，风是清的，生活是诗意的，就连小徽因的快乐，也真实得可以随意描摹。

未谙世事时，对林徽因，没有甜，也没有咸，玩耍得大概也还尽兴，聪明机灵，也早已天成。可想来，不管是祖母的绕膝之乐，还是母亲偶尔抱来把玩言欢，都是短暂的，她不是她自己，她还是一个家族的希望。

如闲风懒云一样的小儿，在长辈的明熏暗示下，终于发现，自己得尽快成熟起来，因为门户的开启符，必然要垂范在先。

到小徽因六岁的时候，已经能代祖父写家书给父亲。林长民的一封回信曾这样写道："儿读书进益，又驯良，知道理，我尤爱汝。"

可爱机灵而又上进的形象，在这体现得淋漓尽致，成熟的机灵里，透着的，却是淡淡的心酸。

林徽因芳华一世，却最怕寂寞，她爱极渲染，明明春色八分，却一定要海棠铺绣，花事盈浮。她需要极致地绽放，当菡萏独秀，不能被群芳烘托，也要一池荷叶翻浪。因为从小，她就是别人的榜样。

前院欢歌，后院泪浥

才子佳人成佳话，才子庸人难庸常。

林长民是典型的贵族才子，殷实的家庭背景，浓厚的教育氛围，加之自身天资聪颖，很快就在众多子女中脱颖而出。他两度赴日本，最后在早稻田毕业。

这个“貌癯而气腴，美髯飘动”的青年才俊，仕途可谓扶摇直上，在那个动乱的年代，政府分秒之间就是一朝沉浮的时候，他从参议院秘书长到政务部部长，再到司法总长，在民国政治中，成了无可替代的思想风标。

到五四运动的时候，他又是“火烧赵家楼”的真正点火人，将拳拳报国之心，全部都付诸变革的行动中。

事业上春风得意，思想上先锋前卫，可他的婚姻，却是鸳鸯乱点，一头乱絮。他少年定亲，正室却早亡，没有子嗣，甚至来不及留下回忆。

到何雪媛时，传宗接代成为重任，知书达理则被忽略，何雪媛虽然在林徽因之后又添过一子一女，可惜都早早夭折。不但重任没有完成，夫妻还少有感情。

于是，林长民又纳了妾室，就是上海女子程桂林。

她和何雪媛一样，没有文化，却和何雪媛不一样，她风情万种，性格温柔。林长民如枯木逢春，欢歌乐舞，情不自胜。他自诩为“桂林一枝室”，这桂林，就是指她——程桂林，而“一枝”，则明显地排她——何雪媛。

程桂林进门就住了宽敞明亮的前院，何雪媛则被排挤到鲜有人来的后院。此时，小徽因的祖母去世，她已回到母亲的身边。对小徽因来说，前院有趣，后院温暖，并没有什么不同。

可对何雪媛来说，后院不是冷宫，胜似冷宫。嫁做人妇，已经是神域到凡间，本来幽愁暗恨生，如今更是阴院锁幽，简直痛断肝肠。前院的欢歌，就是后院的泪浥。

跟父母提不得，跟丈夫要不得，跟小妾，也抢不得。她不是个心宽的，也不大度，愁绪变忧恨，一寸寸腐蚀着她的心。她像落花残红被扫进一隅，成了阴影里的鬼魅，连女儿的笑脸都见不得。

每次看到女儿带着阳光的笑脸从父亲和二娘（程桂林）那里回来，她的醋意，她的恨意，都在格外的向往中，借错了风，向邪处生长。

她对小徽因又是哭，又是骂，她骂林长民，骂程桂林，更骂小徽因，哭到最痛，骂到最悲，期期艾艾。

她理所当然地以为女儿是她的，该一起为她哭、一起为她憎恨才对，怎么可以没心没肺地去和别的女人一起玩，把个亲娘扔在后院不管。

小徽因年纪尚小，哪里懂得“谁是谁的谁”的复杂，她只是知道，不能在母亲面前快乐，快乐，成了她的原罪。在祖母还活着的时候，她就知道，母亲的世界，和外面的世界永远冰火两重天。

何雪媛的忧恨和抱怨几乎延续了一辈子，林徽因婚后接母亲同住，程桂林的儿子在她家备考，何雪媛常常找茬生气，让林徽因既为难又难堪。

林徽因后来对友人评价自己的母亲："我自己的母亲碰巧是个极其无能又爱管闲事的女人，而且她还是天下最没有耐性的人。"

当然，这是后话了。

母亲计较着父亲和二娘也罢了，她也计较着小徽因，她似乎从来没想过女儿的难处。对小徽因来说，那一点欢意，来自同样有计较的恩宠。在祖父那里，她是作为一个林家开启者的代言而受宠；在祖母那里，她是因为和她一样优雅高贵而受宠；在父亲那里，她又是因为自己聪明懂事而受宠。

他们，喜欢的不单纯只是那个孩子，而是优秀着的孩子，有别于何雪媛的那个孩子。他们对她的期望，从一开始就是背向何雪媛。

活在那样一群耀眼而优秀的人中，她攒足了力气向阳而生，可惜脚下又是这样的一片苔藓，她优秀着，会一跤滑倒在苔藓上，她顽劣了，可能又会失去充足的阳光。

强烈的对比撕毁了她的童稚。她无知无觉地活成了一条界限，看似可进可退，既得父亲的宠爱，又是母亲的明珠，实则只能值守中立，既不能背叛祖父父亲，又不愿背叛母亲。

那应该是个热闹的童年，可那的确又是一个寂寞的童年，明明是彩色的预告，可却是一段黑白默片，播放的是她自己的滑稽、她自己的心酸，还有她自己的无所适从，没有人可与之诉说。她越是活得机灵，那世俗的凌厉，对她心灵的切割就越加明显。

年纪小小，她就已经品尽世俗，阅尽冷暖，每每度人心思，才敢发声。没有被宠，就不敢矫情。小小年纪，她就已经学会自制，能让每一寸表情都浸满理智，能让每一句话语都剔透玲珑。当年黛玉进贾府，也不过如此，而她在自己的家中，却仿佛在向别人打秋风。

这样的境遇，说来也的确让人心疼。为了圆满地生活，她很会违背自己的初衷。后来，在徐志摩浓情蜜意的情迷下，在如遇知音的浪漫中，她居然能冷静转身，选择稳重的梁思成。这童年的磨砺，恐怕就是头功。她很早就悟道：多情，维系不了生命；生活，真实到无情。

相比张爱玲，她才是活得最通透的人，自知不过世俗一场，谁都躲不过琐碎的人生繁杂，不如精打细算着过，撙节出翠微流水、梦醒芙蓉的一点意境，才终究是远长。

二、伦敦康桥蝶恋花

轻轻的我走了，正如我轻轻的来，我轻轻的招手，作别西天的云彩。

天空有云，投影在波心

那一年，是徐志摩的东风年，那一年，是林徽因的小窗欢。一个才子，风流倜傥正得意，一个佳人，二八时节正芬芳。不期而遇，大概是上天准备好了的一段抒情，借由一个才子的慧笔，表达出对美丽的独钟。

那时候，她只有16岁，跟随父亲到欧洲游历、旅居英伦。父亲在国内受挫，将一腔抱负，都付与曲线救国。而她，正是风轻树小，雏鹰展翅，对未来充满了各种幻想。一切都是新奇，一切都有魅力，她像个贪婪的海绵，尽力地吮吸着新世界所有的新奇。

那时候，徐志摩只有24岁，正是踌躇满志，却喜欢天马行空。他原本在美国读金融，为接班家族企业做准备，可他不喜欢枯燥的数字，更厌烦冷酷的管理，倒是对哲学、美学、艺术学更有兴趣。

他爱冒险，喜新意，为了采几茎花，不辞劳苦，翻山过河。他喜欢新思想，热爱自由风，广交朋友。

他和罗素是挚友，认哈代是知音。为拜哈代，千里辗转，寻上门去。为拜罗素，义无反顾，甚至放弃了哥伦比亚大学的博士学位，来到伦敦，恰逢罗素因反战被剑桥开除。见不到老友，徐志摩也不孤独，他很快认识了狄更生，又在狄更生的介绍下，入读剑桥皇家学院。

他活得非常恣意，随意东西，自由南北，他以为这是自己内涵丰富，思想博大精深，却从没考虑过这不过是因为他家财万贯，根本不用考虑世俗与油盐。

有意思的是，早在认识林徽因之前，他，就已经是林长民的“恋人”。

林长民虽是政治家，为人却不庸俗，喜欢浪漫的情愫，有很浓的艺术气息，同时思想锐意，能快速接受新思想。他和徐志摩，一个，是放飞的烟火，自由而灿烂，一个是蓝天流云，飘逸而灵动。

初见时，徐志摩谈罗素，林长民谈诗歌。徐志摩被引领上了诗歌之路，而林长民很快也喜欢上了罗素。他们谈的最多的，就是罗素的《婚姻与道德》。在这本书里，罗素倡导试婚和离婚从简，对婚外性行为和同性恋现象则很宽容。

那是一个道德至上的年代，无论是东方还是西方，婚姻都是捆绑，被赋予沉重的责任。罗素力图打破这种束缚，给予爱情更美的情调，可惜矫枉过正。

那也是一个刚刚开启自由的时代，被紧箍咒约束得太久，人们极需要这种翻天覆地的转换、扒皮拆骨的改变。

两人相谈甚欢，谈到高兴处，还决定演一段不羁之恋。林长民扮演有室男子，名苣冬，徐志摩则扮已嫁少妇，名仲昭。即使回到现实社会，两人依然身份不改，书信不断，红笺冷泪，鱼雁往返，倾诉他人妇、他人夫万种风情无地着的不伦情思。

千古诗词多风流，哪怕现实生活中持刀论剑，铁马冰河，诗人们依然愿意将桃杏轻小的柔肠暖意赋予几个轻软的小字，让生活浸透娴雅蕴藉。

在林长民大抵如此，无论是月寒露冷的孤清，还是柔肠百转的爱意，对他，都是一种艺术把玩，一种思想浸润。

然而对徐志摩，这场思想输入，让他对爱情更向往，对已有的包办婚姻更加鄙视，直接导致了他对发妻的一场极端错误。

和林长民，这到底只是一个虚构的梦境，即使才思来了，也带着那么一种不动心的安宁，少了一种起伏的躁动。而林徽因的出现无疑为徐志摩填补了这个空白。鸳鸯罗带已旧，直须整顿风流，天涯万一见温柔，又是东风吹柳。

徐志摩在他的《猛虎集序》说：“在二十四岁以前我对于诗的兴味远不如对于相对论或民约论的兴味”，“整十年前我吹着了一阵奇异的风，也许照着了什么奇异的月色，从此起我的思想就倾向于分行的抒写。一份深刻的忧郁占定了我；这忧郁，我信，竟于渐渐地潜化了我的气质。”

这奇异的风，这奇异的月色，除了新潮思想外，就是林徽因了。有趣的是，他们第一次见面时，是在一场宴会上，林徽因跟着父亲出现，被引见给徐志摩时，她羞涩地叫了徐志摩一声“叔叔”。这一声叔叔，一下子拉远了两个人的距离。

徐志摩有一首诗这样写道：

我是天空里的一片云，
偶尔投影在你的波心——
你不必讶异，
更无须欢喜——
在转瞬间消灭了踪影
……

他们之间，从一开始就仿佛注定了难以拉近距离。再近些，也是梦幻泡影，动不得真的。他，不过是天空的流云，偶尔投影在她的波心，转瞬就消灭了踪影。

命里红颜命外欢

被唤作叔叔时的一场邂逅，只是匆匆。直到拜访林长民家，徐志摩才注意到这个明眸皓齿、笑靥如花、兰心蕙质的女孩子，她的娇艳，她的才情，她的年龄，都让他怦然心动。

对徐志摩来说，爱情，就应该是林徽因的样子，没有父母包办的无聊，只有春光无限的悸动，桃花无主的浅红。

才子热情瞬间迸发，他在她家的客厅，在她的面前，大展才情，滔滔不绝，口若悬河。他希望自己是星河日月，借一世的光辉，耀眼了眼前的少女美人。

而她，正处在美丽的花季，正需要一种别样的滋养，这也算俊逸的才子，这的确灼人的才华，暂时让她神醉。她需要一个通向世界的窗口，她愿意一览大千世界，广见博闻。一开始，她以为，他只是她外交的一个窗口。

当然不是，她已经是他的人间四月天，见时，口里心里都是身不由己的喜悦，离开，黑日白天都是倍受折磨的思念。

原来，苣冬的痛苦，并不是虚拟，那是他心头实实在在的涌动的情愫。只可惜，对方并不是仲昭，她尚桃杏青小，未谙世事。只是不知仲昭后来知道后，是否给自己定罪为引狼入室。

他们相谈甚欢，他还带她日游伦敦，夜游康桥。在那雾都，在那康桥，在那美丽的晨昏，花不尽，柳无穷。徐志摩有意，而林徽因，还只是无心。就像冰轮入水，水中月，终究如梦幻泡影，只不过，月夜，水波，是最醉人的和谐。

离开不久，徐志摩就给林徽因写了信来。这回不再是海阔天空、漫无边际，直奔主题，表达情意。

他这样写道：

与你相知，你的风雅、你的单纯、你的含蓄、你的淡淡的忧伤给我刻下幻想的雕塑。

你的天空是纯纯的白云天，蓝天白云中、金色阳光里你的形、你的影、你的音、你的容、你的笑、你的泪一起构成了我浪漫幻想的风景线，你是我快乐的源泉。

林徽因很是惊异，她有些淡淡的，矜持的，不是她故意做作，实在是牵绊太多，她不可能完全投入。

首先，她很小，其次，他有家小。一个初识爱恋滋味的女孩，面对婚姻里的男人，面对一个有孩子的男人，怯怯，是难免的。

于是，林徽因把徐志摩写来的第一封浓情蜜意的信给了父亲，这让林长民非常为难。他喜欢徐志摩，喜欢他为挣脱束缚的自由信念。可徐的身份，是一个丈夫，是一个父亲，如今又是女儿的追求者。

他和这追求者“虚情假意”的那段情长意短，讽刺的正是婚姻不该成为负累，道德不该让人失去自由。他讽刺着现实，现实一转身就印证在他的身上，一时，他竟也难以抉择。

林长民左思右想，还是给徐志摩写了一封信：“足下用情之烈令人感悚，徽亦惶恐不知何以为答，并无丝毫 mockery（嘲笑），想足下误解了。”

他到底是不忍女儿备受社会的非议，也终于以现实主义来思考女儿的婚姻，然而他并没有断然地拒绝。

好友直言，徐志摩到底受挫，便少上门，但那收敛只是表象，那炙热的爱恋，已如沸水，在胸中翻腾，一两句劝慰，又怎能压制那翻腾的热浪，他将这滚烫的热浪付诸笔端，用一个个着了火的文字，继续攻坚那座叫作爱情的堡垒。他完全把自己变成了一首诗，一首情诗，林徽因越是淡漠，他就越是浓烈：

这颗赤裸裸的心，请收了吧，我的爱神！

因为除了你更无人，给他温慰与生命，

否则，你就将他磨成齑粉，散入西天云，
但他精诚的颜色，却永远点染你春潮的
新思，秋夜的梦境；怜悯吧，我的爱神……

他把自己燃烧成冬天里的一把火，冒着妖娆的蓝色火焰，焚山煮海，没有半点矜持，扑面就是一往情深的巨浪，甚至不惜卷嗜掉自己。

绽放的鲜花，通常都能激发才情绽放。如果说，以前，徐志摩就已经才情初露，而遇到林徽因，他的才情瞬间冲向高峰。

他醉在她的美丽里，他醉在自己的诗情中。

期间，林长民忙于政事，东奔西走，留林徽因一个人守在寂寞的他乡，孤独，加上少女的惆怅，总浪漫地期盼着一点点美好的事情发生。

林徽因曾给同学写信说："理想的我老希望着生活有点浪漫的发生，或是有个人叩下门走进来坐在我对面同我谈话，或是同我同坐在楼上炉边给我讲故事，最要紧的还是有个人要来爱我。"

一个任性地热爱着浪漫，一个浪漫地喜欢着任性。正是鸠雨细、燕风斜，春意正好，豆蔻谢娘能如何，一样跌在一江春水中，付东流。风花雪月，终究驶向意乱情迷。

说起来也不怪，最美的情诗，是送给自己的情诗，最美的情话，是说给自己的情话。豆蔻年华，最容易掉进诗情画意的陷阱，这一封封炽烈的情书，到底让林徽因不能再继续矜持淡漠着了，尤其是当父亲四处奔忙，终于让她的心，着了爱意，也慢慢地点起了星星之火。

两人很谈得来，说艺术谈理想看天下，从东方到西方，从哲学到文学，从己任到天下任。徐志摩博学多才，穿针引线间就为林徽因展开了一个多彩的艺术世界。林徽因从小就受祖母姑母的熏陶，爱文学懂艺术，举手投足都透着文艺范儿，她边听边学边发表见解，十分得快意。

两人说得最多的就是诗词歌赋，十里春风，胸怀风月，举手抬眼都是诗，在情愫的发酵下，连人都变成了朦胧的诗意。在爱情里痴迷着，听的是那个人，看的是那个人，反倒是情意爱意，忽略了该是几何。

小荷才露尖尖角，早有蜻蜓立上头。这大概就是林徽因当时的写照吧，叶碧花红的静美，大概也离不开闪闪而动的来去。

林徽因的好友费慰梅后来说：“她是被徐志摩的性格、他的追求和他对她的热烈感情所迷住了……对他打开她的眼界和唤起她新的向往充满感激。”

徐志摩后来说：“我这一辈子就只那一春，说也可怜，算是不曾虚度。就只那一春，我的生活是自然的，是真愉快的！”

他还说：“我的眼是康桥教我睁的，我的求知欲是康桥给我拨动的，我的自我意识是康桥给我胚胎的。”

康桥是一场梦，康桥是一场短暂的虞美人春梦，却是一场长长的蝶恋花幻境，它让他深陷情网，更让他诗情万丈。对他，这的确是一个一辈子都值得珍藏的好地方。

徐志摩的情话越说越深入，林徽因的情意越来越难以浅出。他的忘我，终于让她觉出难来，她何尝不想天公成全了这诗情蜜意的一段爱恋，可人世哪有那么简单？

让林徽因终于清醒的是：张幼仪来了。

多情处，最是无情

才子多情，乱惹风情，实是无情。遇见林徽因时，徐志摩既是夫，又是父，尽管那是不自由的婚姻，可是在这段婚姻里的，是一个一心记挂着他的更单纯的女人。

她叫张幼仪，她一样貌美如花、玉纤香动，在这场徐志摩称之为没有爱情的婚姻里，她一样纯情似水，影月含羞。

只是，婚姻是包办的，她是被动的，就像一块剪裁得体的玻璃，终究不如灵动的风吹水面皱的一小块湖泊。她活得太那个时代，扣在传统的模子里，刻不好自己，也描摹不了爱情。

说来，她的世界，是平的，只有单薄的嫁作人妇，她的视角，是平的，只有薄情的一影儿丈夫。他在她面前，来去匆忙常不见个人影儿，她在他面前，心事沉重却活成了轻薄的影子。

然而，她的情感，却不是平的，虽然，她很难有丈夫那样山火一样的“烈”，但那只是她没有表达的习惯，后来她也失去了表达的热情。这就成了她的短处，也成了他的饮恨。

他初见她的照片时，就骂她是“十足的一个土包子”，对她极为不耐，可他并没违背家庭的意愿，到底结了婚。即使过完洞房花烛，夫妻的甜蜜，依然无法阻止他对她的鄙视。几个月后，他就去杭州，跑上海，钟意山水，迷恋春色，后来干脆甩手出国。

徐志摩和张幼仪，完全是两个世界，两条路。再见面，他就更是口无遮拦地强调两人的不同，他是西服，她是小脚，小脚如何配西服？

站在他们的世界之外，你还是会感到一个人花开不如意的遗憾，另一个人海水两万里深的悲凉。他是众人景仰的徐志摩啊，怎么能有一个落后的影子？

徐志摩是一个任性的表达者，自由的思想像山崩海裂一样，带着呼啸的戾气直逼发妻。想张幼仪的内心该有着怎样的震撼与颤动。而她，又不能像他一样，无所顾忌地表达。何况她对他，敬如日月，爱意深远。

他一个人远在万里他乡，是否一切安好？从美国到英国转换学业，是否一切顺利？他到底在一个什么样的世界里？在那样的世界里的他，又是怎样的散发着光辉呢？

思念成河，然她始终不动声色。幸亏她的二哥张君劢懂她，才给她争取了到伦敦陪徐志摩的机会。

张幼仪从国内到达，徐志摩去码头接她。即使站在人群中，她也能清晰地看到他厌烦的神情，在那么多热切的面孔里，他显得那么突兀，那么无情。

张幼仪后来说，一看到那张脸，尽管还没有看清，可是那表情，是没有错的了，“我心里凉了一大截”。

在国外生活，仅有一次，他带她去电影院里看电影，她兴奋而又悄悄地想要询问上一两句话，马上就被他用“你懂什么”给噎回来。

他是举世闻名的才子，少年就得才名，张家正是闻名而去，他容不下“土包子们”的无知，他完全看不到自己用前卫思想包装的荒谬。

他对她，一百个不耐烦，一千个不情愿，仿佛她的存在，就是不应该。可即使不应该，他依然心安理得地利用着她的存在，传宗接代。

然而，林徽因始终不表态，他也就如此一边冷淡着家庭，一边炽热着墙外。对林徽因，他炙热如火，可是一转身，来到张幼仪身边，他又寒冷如冰。

林徽因到底知道了张幼仪的到来，她忽然发现，调得那么浓的柔情，似乎太过轻便了些。他，真的能成为她一生所托之人吗?

这时候，林徽因的姑姑们也知道了侄女的际遇，纷纷来信劝阻，她们不看他的才华，不看他的诗意，只依据他的表现，分析他的性格，判断他的未来行事方式，最终给了林徽因一个结论：他，不值得。

林徽因那颗炽烈的心也有些淡了。她后来总结说：“徐志摩当初爱的并不是真正的我，而是他用诗人的浪漫情绪想象出来的林徽因，而事实上我并不是那样的人。”

她告诉他不能接受他的原因，她不愿意让另一个女人不幸。这却给了徐志摩一个提示，他忽然明白，他和张幼仪，终究要有个结果了。

他早就认定她是那具要被打碎的枷锁，只是暂时用来稳固脆弱的神经。现在她在他热恋的时候黏附而来，他赫然发现她就是该驱逐的罪恶。他几次三番找张幼仪进行离婚谈判。

一个从小就被教以容忍的女子，一个从小就被告知三从四德的女人，如何能够忍受离婚。那无疑就是对她人格的侮辱，是对她下了死亡通知。她自然不愿，只有更加隐忍，更加贤惠，以求获得铁石心肠的一点点的柔情暖意。

恰在此时，张幼仪发现自己怀孕了。她告诉徐志摩，徐志摩大吃一惊，快速地说："快去打胎，快去打胎。"

张幼仪吓了一跳，捂着肚子沉静了好半天，才稳住了一颗乱跳的心，她幽幽地说："听说堕胎有危险，要出人命的。"

徐志摩马上说："那我还听说坐火车会出轨，也要死人的，那你就不坐火车吗？"张幼仪呆愣愣地看着徐志摩，一句话都说不出来，一颗心没了命地往下沉。

热恋已经让他昏了头脑，完全看不到他正在将一个柔软的女人置身于怎样的水深火热，更没有想过那个正在孕育着的小生命对新生到底有着怎样的憧憬。

一个自己并不喜欢的女人，不离开就是纠缠，看见她都是对自己的伤害。愤怒之下，他干脆离家出走，然后拟好了离婚协议，连张幼仪的人都不见，只托人将协议文件送过来，还干巴巴地提出了条件"做徐家的儿媳，但别做徐志摩的太太"。

张幼仪的心，是早就冷了的，而他还是一再折磨，任意践踏，她终于还是觉醒了，这个男人，是留不住的，留住他的身，只会留成他的仇。

她才不愿，作为一个举世闻名的人的阴暗的背景，仿佛她的用处只是为了成全一段美好的佳话。她凭什么要承受这样的悲哀？

她决定走了，她痛快地签了协议，离开了徐志摩，去了哥哥所在的德国。

对离婚极度恐惧的张幼仪完全想不到，她以为的致命打击，其实是命运给她的最好成全。离婚后，她的人生，才彻底有了她自己的颜色，而且如飞云流虹，恣意而又多彩。

被丈夫唯美的爱情撞碎了生活的女人，谁说就没有了娇艳的生命呢？推倒了断垣残壁，更容易见到良辰美景。

相见争如不见

林徽因，是徐志摩的心病，而张幼仪，却是林徽因的心病。

张幼仪的悲哀，最后也成了林徽因的禁锢。他的绝情，是否会重演？尽管她在他的炽烈的追求中也情有所动，可是最后，她终于还是决绝地转身，不给徐志摩留一点幻想的余地。

就在徐志摩送张幼仪去德国的时间内，林徽因和父亲回国了。临行前，她给他写了一封信：“我走了，带着记忆如锦金，里面藏着我们的情，我们的谊，已经说出和还没有说出的所有的话走了。”

她诚恳地说了她走的原因：“你们走后我哭了一个通宵，多半是为了她。”可这原因，对徐志摩来说，简直格外滑稽，他为了娶她而与发妻离婚，可她因为他与发妻离婚而不能嫁他。他们，始终是一场悖论，包括这场轰轰烈烈的爱情。

她爱他吗？如果她连他的爱都认为不过是作了一场诗，那她爱的又何尝不是那种让人迷蒙的诗意呢？

她在信尾说："走了，可我又真的走了吗？我又真的收回留在您生命里的一切吗？又真的奉还了您留在我生命里的一切吗？我们还会重逢吗？还会继续那残断的梦吗？"

她也是有哀怨的，在这一场爱恋之中，她又有什么错呢？美丽是错吗？才情是错吗？喜欢才子是错吗？喜欢才子对自己的喜欢，是错吗？

不是错，也是错吧。不然她不会这样说："她张着一双哀怨、绝望、祈求和嫉意的眼睛定定地望着我。我颤抖了。那目光直进我心灵的底蕴，那里藏着我的无人知晓的秘密。她全看见了。其实，在您陪着她来向我们辞行时，听说她要单身离你去德国，我就明白你们两人的关系起了变故。起因是什么我不明白，但不会和我无关。"

这里的她，就是张幼仪。临去德国之前，她和徐志摩向林长民和林徽因辞行，她已经知晓了徐志摩的痴狂之因，她什么都没说。可她越是不说，对林徽因的打击就越是非同一般，对林长民的震撼就越是久久难平。

林徽因终于还是判定，自己是错的，徐志摩是错的，这一场恋爱，不管多么美好，终究是错的，不管是主动还是被动，她到底是伤害了一个柔软的女人，一个只比自己大几岁依然稚气未脱的小女人。

晚年，林徽因重病在床，以为不久于人世，当她听到张幼仪带着儿孙也在北平，立刻请求见张幼仪一面。

张幼仪来了，两个人却相对无言。能说什么呢？道歉吗？抱怨吗？终不能。站在一个男人爱情的两面，两人不过是彼此借了对方的一点点气息，拼命捕捉那个久别人世的男人的影像，往事，早已如风，赢了爱情的，无限唏嘘，输了爱情的，唏嘘无限。

林徽因是聪明的，作为诗人，徐志摩的确很优秀，可作为丈夫，他就显得力不从心，不管是从前对张幼仪，还是后来的陆小曼，他都没有做到正确的承担。他是活在浪漫世界里的，柴米油盐，他处理不来。从一开始，这场爱情的牵绊就不是张幼仪。

世界上的事，谁能说得清呢？若没有张幼仪，徐志摩顺风顺水地和林徽因谈一场恋爱，轰轰烈烈燃烧到底，最后剩下的能是什么呢？徐志摩看不到，林徽因却看得清。

她在后来的《那一晚》如此写道："那一晚你和我分定了方向，两人各认取个生活的模样。"

她是活在真实世界中的，儿时的痛苦是真实的，现实的残酷是真实的，她过早地明白，所有触手可及的幸福，都来自于理智世界的规则。

她是要享受这个世界的美好的，而他，则是来打破世界的规则的。他的享受，必然是规则的打破。而一旦打破了规则，她的幸福就荡然无存。

所以，除了浪漫的最初，他们之间，几乎找不到幸福的归宿，他们并非活在同一个世界，只不过，借了诗的光，柔和了彼此的矛盾。

三、一世芳华两处香

谁不愿一生只有花开如意的美好？可风光有限，如意了日月，总会毁掉星河。

流水随春短，行云与谁同

剪浓情，裁爱意，本以为心如死灰，谁知回国后却是另一番天地。

林长民回国不久，梁启超就带着儿子梁思成过来拜望。上门的目的，自然是求婚。

林长民为政治理想奋斗的那些年，和他一起摇臂呐喊的，就有梁启超。他们都受过中国古典文化的熏陶，也都受过西方宪政思想的洗礼，在对中国的未来设想规划中，他们不谋而合，在变革的动荡中，两人惺惺相惜。

梁启超早就有意与林长民结亲，林徽因的美丽、成熟、聪明，他是早就认可了的，而自己儿子的教育和成长，他又从没有忽视过。一个家有小女初长成，一个庭中少年多意气，正是门当户对，又能心意相通，总错不了。

在林徽因 14 岁的时候，梁启超就带着 17 岁的梁思成来拜会过，那时的梁思成，稚气未脱，对婚姻和爱情不以为然，但一见林徽因却是刹那花开，怦然心动。只不过双方年纪尚小，父辈只得做细水长流的打算。

当然，梁林两小的婚事，本是梁启超有情，林长民也有意，但现在，经历了伦敦那一场风愁云动的收场，林长民不确定女儿的心愿，倒有些犹豫，他和老友商量，最好还是顺其自然。梁启超非常民主，马上同意，并安排林徽因去了北京，入女子中学读书。

对林徽因来说，这场交流，又是在家里的客厅，又是一个知己。只是这回，红妆少女依然，激情青年不再，换了一个翩翩少年。翩翩少年没有激情的浪漫，但也没有撕破世俗的不调和。她和他聊天，没有电光火石，但依然如逢知己。

林长民的事业在上海，林徽因不得不独居北京，梁启超成了临时监护人。正是时机最好，又是近水楼台，梁思成非常畅意。

烟光摇曳，岁月蹒跚，可最初的心痛，到底是远了。面对着一个阳光少年，林徽因越发确定，过去的，终究是一场镜花水月，留作青春的纪念是好的，却当不得真。

几年的朝夕相处，终于换来了耳鬓厮磨。两人第一次约定出去玩，去太庙。刚进门，梁思成忽然踪影不见，林徽因到处寻找，猛听得头顶有人喊自己的名字，抬头一看，梁思成正爬在树上，嘿嘿地冲着她傻笑。她的心忽然一软，感情当即沦陷。

别过那康桥的航向，林徽因，对梁思成越来越认可。不是诗情画意，更像青山流水，不朦胧，却更有一番直率而真实的意境，更有一种两小无猜的浓情。

林徽因对这一段往事记忆深刻，以至后来经常对朋友笑着说梁思成当时的傻气，梁思成则无比骄傲地对林徽因说："可后来你还是爱上了这个傻小子。"

这也是一个痴情的人，正是绿荷拥菡萏，卷舒开合任天真。他和她之间，很少有鱼雁往还，更多的是自然接触，他们一起出去玩，一起讨论未来的方向，一起笑对蓝天，一起思对湖水。

她到底是小女儿，喜欢被宠，每次约会，她都要悉心打扮，任由他在门外等上个天荒地老。可他却心有天地，坐看行云，只要好花正开，就不怕时间都用来静待。

梁思成的弟弟为此特意写了一副对联打趣他们：上联是"林小姐千装万扮始出来"，下联是"梁先生一等再等终成配"，横批是"诚心诚意"。

捧着一颗心来，不带半根草去。他也是贵族公子，为了她却将自己放得很低。再是无情行云，也终要落地成雨，只为一方滋润。

林徽因生日前夕，梁思成笑吟吟地说要送她一件礼物，那是一枚铜镜，看起来像是古董，卷草花纹雕饰和飞天浮雕古意幽深，可上面却分明写着"徽因自鉴之用民国十七年元旦思成自镌并铸喻其晶莹不玷也"。

林徽因欣喜地拿过来把玩，一翻过来，却是一面玻璃镜，照着她一张娇花嫩蕊的脸庞，旁边还有他兴奋解说的模样。

他说，这是他在美术学院的工作室里用了一周时间做的，从雕刻铸模、翻砂到仿古处理，都是他亲力亲为。

做好后，他还特意拿给研究东方美术史的外国教授去鉴定，教授不懂中文，又没看到玻璃，看那雕刻的设计和铜镜的成色，满腹狐疑地猜测："可能是北魏时期的作品吧？"梁思成马上翻过来玻璃给他看，教授又气又笑，赠送给了他一个"淘气鬼"的称号。

他眉飞色舞，描绘的似乎是一件艺术品，可她的心已经尘埃落定，她知道，这是他给她的定情信物。铜镜自古最托情，一定终身，白头为盟。

他和她，没有那种夜里水里的风吹浪起、惊涛波碎，一切仿佛都淡淡的，实则浓浓甜甜，慢慢沁入心脾，让人不能自拔。仿佛海棠花，没有甜腻的香甜，但绝对是"嫣然一笑竹篱间，桃李漫山总粗俗"。

执着，为芳艳一世

望远山，碧山如今残翠，看秀水，风流如今只剩漩涡，芳草绿波吹尽，回首阑珊残影，唯有两眉愁事，欲说还休。看到林徽因走了，徐志摩如东风临夜，冷于秋。

漫道帝城天样远，天易见，君难见。深重的思念，如药穿肠，慢慢毒噬着他的那颗滚烫的心。徘徊了许久，思量了又思量，徐志摩终究放不下林徽因，偏偏此时又听说了梁思成和林徽因的事情，他越发焦躁，决定放弃没有完成的学业回国。

旧梦似乎已远，但只要他们一日未婚，他的心梦或可谱成。临行前，他和狄更生谈及自己的心事，狄更生竟然非常支持他。

他们都是把爱情看得高于一切的人，把人生看成是一场自由浪漫的旅行，至于其他，他们没有也不愿去考虑。在老师的鼓励下，徐志摩再一次鼓起了追逐之帆。

回国后，徐志摩就向梁启超送上了拜师礼，拜在了梁的门下。梁启超怎肯收他，架不住徐志摩善交名士，几个好友里外一烘托，加上梁启超的确爱才，不得不收下了这个一心两用的徒弟。

此时，梁思成和林徽因并没有订婚，但梁启超在给大女儿的信中这样写道："思成与徽因已有成言（我告思成须彼此学成后乃定婚约，婚约定后不久便结婚），林家欲即行定婚，朋友中也多说该如此，你的意见怎样呢？"

无论是梁家还是林家，已经默认了这门亲事，自然极力成全这一对比翼双飞的小情侣。

梁启超是松坡图书馆的馆长，松坡图书馆位于古典建筑北海公园快雪堂，建筑古典，景观典雅。为了约会方便，梁思成拿了图书馆的钥匙。在周末不对外开放时，两人就在快雪堂里甜蜜约会。

本来是两个人出双入对，你侬我侬，但徐志摩知道后，也赶来凑趣，花开一朵，对影三人，千头万绪顿时理不清楚。

桃色新闻，三角事件，从来都是传得最快。很快，梁启超便知道了徐志摩的行为，他给这位才华出众的徒弟发出了警告信："若沉迷于不可求得之梦境，挫折数次，生意尽矣。郁悒侘傺以死，死为无名。死犹可也，最可畏者，不死不生而堕落至不复能自拔。呜呼，志摩，可无惧耶？可无惧耶？"

老师虽有私心，倒也说得诚意。既然结局已定，何必如此自毁名声？大好前程尚在，人生何必拘泥？

可徐志摩心魔已深，想夜游康桥，花静静开，水静静流，那甜蜜爱情已经笼进心头，如今如何能放得手？

面对恩师的劝谏，他激烈反驳道："我之甘冒世之不韪，竭全力以斗者，非特求免凶惨之苦痛，实求良心之安顿，求人格之确立，求灵魂之救度耳。"

在徐志摩看来，率性的生活态度，才是人生的快意根本，人格需要一个无所顾忌的环境滋润，灵魂需要一场任性恣意的洗礼，我心一点傲然气，最是千里快哉风！

浪漫、自由给了他一颗奔腾的心和滚烫的热情，并逐渐让他在爱情中失去了理性。在不知生活愁苦的年华，在不懂柴米油盐的环境里，再放浪些，也还是会安全着陆。他以为他放纵得起。

梁启超说不得，梁思成却挡得。一次搅扰，还可以客气，两次打断，还可以委婉，三次纠缠，也还能闭口不言，可时间久了，梁思成终于烦了，他故意在房间门口用英文贴上"Lovers want to be left alone (情人不愿受干扰)"，看似是一句禁言，但" lovers" 一字分明是以情人的身份写就，徐志摩自然从里面读到了林徽因的态度。但以情人的身份写就，徐志摩自然从里面读到了林徽因的态度。

违背师命，做如此行径，等的就是芳心二度，可谁知人面尚在，却是时过境迁。当一份爱情没有了那个人的心动，那还有几分意思？

这一回，徐志摩望而却步了。

祸为福音，心定思成

尽管抱得美人归已成事实，但梁思成的人生却并没有因此而一帆风顺。

“五四国耻日”，北京的学生游行，热血青年梁思成驾驶摩托带着弟弟梁思永追赶游行队伍，结果被当时北洋政府陆军部次长金永炎乘坐的大轿车撞倒。梁思成被压在摩托车下面，而金却视而不见，扔下名片，扬长而去。

被甩出去的梁思永受伤不重，他飞奔回家找人，等梁家人赶到出事地点，梁思成已经不省人事。兄弟俩一起被送往医院。梁思成伤势较重，脊椎受伤，左腿骨折。

得到消息的林徽因，匆匆跑来，看着梁思成的样子，她泪如泉涌。对于热恋中的人来说，伤了一个人的身，等于伤了另一个人的心，又恨不得是伤了自己的身。

梁启超和夫人李惠仙更是心疼，梁思成虽是老二，可老大出生不久就夭折，他是实际上的梁家长子，是两人的心头肉。

尤其是梁启超，在那么多孩子里（梁有小妾），梁启超最爱的就是这个长子，每一年，他都记得这个长子的生日，甚至亲自精心为他准备礼物，至于其他的孩子，他是连生日都记不得的。

如今爱子受伤，甚至落下终身残疾，肇事者却企图用一张名片、一个高官的身份就逍遥法外，梁启超岂能容忍？

夫人李惠仙更是怒向胆边生，她曾是礼部尚书的女儿，从小受尽尊崇，哪里受过这样的气。在儿子做了手术，确认儿子安全后，她直接打上总统府，请段祺瑞给个说法。

父母那边为了追究肇事者的责任而忙碌，照顾梁思成的责任，就完全落在了林徽因的身上。她几乎整天陪在他的身边，和他聊天解闷，为他倒水斟茶，给他擦汗翻身。

美人在侧，悉心照料，梁思成的痛都是甜，疼也是美的，看到林徽因并未因他的腿要落下残疾而嫌弃他。天下幸福莫过于此，他十分满意地享受着带着医药味的甜蜜。

人生谁没有旦夕祸福，如果祸事只是福音的前奏，那么祸又有什么可怕的呢？想来，如果能得到林徽因这样的恩宠照料，徐志摩宁肯粉身碎骨也在所不惜的吧。可惜的是，没有如果。

这一场病，更快地拉近了林徽因和梁思成两人之间的距离。然而这却极大地引起了一个人的不满。她就是李惠仙。

他们毕竟没有婚约，对李氏来说，只要没有行文定礼，那如此贴身侍奉就是越礼。她生在旧时代，有点接受不了男女授受亲，何况坊间有太多关于林徽因的传言，她是个美女，又曾有过康桥之恋，身边蜂蝶众多，她偏又是个新派女性，都说丑妻家中宝，红颜祸水多，这样的女子会不会是家庭之祸？

作为母亲，她的想法非常纯粹，她不懂也不打算懂什么是爱情，她只希望儿子幸福健康快乐成才，而林徽因的美丽和绯闻传言，挑战了她的危机神经。

老太太的介入，让两个人的关系多少有了尴尬，可梁启超还是相信林徽因的，一方面，他相信林长民的家庭教育，另一方面，他也能看到林徽因的责任感和承担能力。

尤其是，此时，梁思成还没有择定志向。而林徽因在英伦就已经明确志向，她要学习建筑，那是能结合艺术和工程技术的一门科学。而梁思成也喜欢艺术，尤其热爱画画，并对林徽因所说的建筑学有了一种好奇的向往。

梁启超发现，这个女孩子不但美丽，而且聪慧，更善于规划未来。她可能一辈子做不了躲在丈夫身后的传统女子，但相夫教子，她不会落于人后。没有人，能像她这样能更好地成就儿子梁思成，何况儿子还那么喜欢她，她就该是儿媳的最佳人选。

梁启超非常耐心地劝服妻子。其实单纯对林徽因，李氏并没有意见，她们不止一次单独在一个屋檐下，两人也曾经亲密相处，她和自己的又一个女儿差不多。只不过为了儿子，她多操了一分心罢了。

得到李氏的肯定，烟敛云收，林徽因和梁思成就成了名正言顺的小情侣。出入再无顾忌，感情更加稳定。柔情似水，蜜意织就，不说长久，已是朝朝又暮暮。

天空爱上大地，白云微微叹息

人在谁边，人在谁边？今夜玉清眠不眠？

没有人知道，徐志摩到底经受了几多煎熬。情思乱如麻，剪不断，理还乱。越到夜深人静，越惹人心痛。月，是凄凉月，夜，是寂寥夜，有风，摇摆剪柳梢让人难熬，有雨，也是叶叶萧萧，让人心焦，偶尔入梦，美女化飞琼，天台玉阶，却也有银河横亘，难以相交。

难道真如林徽因所说，他们注定是平行线？

不管梁思成怎样防御着，不管林徽因怎样躲避着，命运还是迎来了又一个相交线。刚刚获得诺贝尔奖的诗人泰戈尔来华访问，林徽因和徐志摩共同担任翻译。

徐志摩终于有一个可以堂而皇之亲密相处的机会，他甚至还参演了林徽因、林长民父女主演的泰戈尔的诗剧《齐德拉》。

梁启超和林长民都参加了欢迎会，梁思成还是《齐德拉》的舞台设计，他们都在，但谁都没有阻止徐志摩。

作为北大的教授，作为新月派的掌门人，尤其是作为泰戈尔的老朋友，徐志摩接待泰戈尔顺理成章。也没有谁阻止林徽因，她本来也是多才多艺，向来喜欢成为焦点人物，这次机会自然不能错过。

这就是梁家的洒脱，不管是梁启超还是梁思成，他们把徐志摩，首先作为一个才子、一个诗人来看待，然后才是对手、情敌。即使后来梁思成和林徽因缔结婚姻，林徽因依然能和徐志摩做朋友，依然可以书信往来，传达情感。

于是，徐志摩和林徽因一起带泰戈尔拜访溥仪，一起游览北京。上天派来了红线老儿，他走到哪里，就可以带着他和她走到哪里。他是云，为这对奔走在烈日下的恋人遮阳；他是风，为封闭的心灵撩开情思；他是雨，滋润干枯的爱情禾苗重生。

徐志摩是快乐的，林徽因也仿佛重新找到了浪漫的光阴。两个优秀的大诗人，让整个世界都变成了诗。风轻云淡，都超越了本身的意义，行走奔忙，也鲜有世俗凡音。

也许有那么一刻，林徽因是想要时间停止的吧，不要有尘烟的搅扰，不要让现实再现。她要化作什么，化作什么，飞升，飞升。可是到底要化作什么，她却心神不定，飞升，也绝无可能。

泰戈尔很聪明，他很快就发现了徐志摩深爱林徽因的秘密，那是一个关于仙境的秘密，奈何他们都只是凡人。

临走前，泰戈尔叹息地说：天空的蔚蓝，爱上了大地的碧绿，他们之间的空气叹了声“唉”……

还能怎样呢？纵然有真爱，还能怎样呢？纵然真爱热烈如火，还能怎样呢？它燃烧得了徐志摩的情怀，却燃烧不了林徽因的理智。她始终是一脚踏进尘埃，近不得的。再走近些，她就奔进了广阔的天地，再也寻不见了。

泰戈尔临走的时候，林徽因带着梁思成来与他送别。徐志摩的眼神，是又一次暗淡了。这一次，他甚至没有重新点燃的勇气了。

他要走了，陪同泰戈尔去太原，去香港，去日本。与其说泰戈尔需要他，不如说，是一场大逃亡可以挽救他。

或许，可以说，他已经做好准备，开始另一端浪漫的启程。不管是与之传了绯闻的凌叔华，还是后来与之结为夫妻的陆小曼，都是徐志摩在这次接待会中认识的。而且会后不久，徐志摩就与她们俩开始通信。

又是一封封滚烫的情书，又是一种别样的浪漫，可到底是爱情，还是为了爱情而爱情，恐怕连徐志摩自己，也不自知吧。

日子总得过下去，生活可以没有俗事杂陈，但不能少了浪漫！

比翼双飞也有泪

新月愁烟，绿窗幽梦，徐志摩的心散了。可林徽因却江山已定，艳溢香融，不久，她和梁思成就结伴去了美国宾夕法尼亚大学去学习建筑。

这本来是林徽因的理想，谁知梁思成做得更加彻底。他痴迷于设计画图，甚至到了忽略林徽因的程度。

林徽因有一次想和同学结伴郊游，但梁思成却埋头宾大图书馆，看书、设计、画图。林徽因换了好几身漂亮的衣服，几次去诱惑他一起出去玩，他都没有发觉，每次见林徽因来，都是兴奋地讲解自己设计中的发现。

并非梁思成淡漠，他对林徽因，依然是一片冰心，可昭日月。只是从出生到懂事，一直生活在爸爸的盛名之下，恋爱后，又摆脱不了林徽因的美名之荫。如今，他终于找到了自己的方向，终于发现了自己的梦想，自然格外用心些。

他以为，林徽因和他，已经是花开风定，燕归已巢。能快乐地实现理想，又能和心爱的女子相伴，人生得意莫过于如此了吧。谁知，这得意，似乎没那么容易把握。

芙蕖花开正盈盈，蜂与蝶来慕娉婷。常有男性来拜会林徽因，没有梁思成的陪伴，林徽因并不寂寞。陶醉的梁思成终于梦醒，佳人未就，前途未知。

再有月上柳梢头，人约黄昏后，梁思成就会立刻上前确定身份、划定界限，甚至想要像个传统男性一样，管一管林徽因，巩固一个家庭的权威之尊。

林徽因嗤之以鼻，甚至和梁思成发生了几次激烈的争吵。她喜欢梁思成因爱而起的小霸道，但她不喜欢传统大男子主义对女性的束缚。

她骨子里崇尚浪漫自由，经由徐志摩的点拨和启蒙，又是在美国那样自由的天地里，她的性情更加活泼潇洒。

他不是一个善于吵架的男人，几番较量以后，他渐渐明白，要么，约束她，将她一手推开；要么宽容她，永远拥她在怀。

情长意短，细水长流，随着时间的流逝，两人学着相互容忍和迁就，那激烈如火的爱情，到底有了深重长远亲情的样子。

不但关系越来越融洽，就是合作，也是亲密无间。林徽因头脑机敏，灵感丰富，但没有耐心，她的设计作业，常常是创意十足，但是结构匆匆，细节糊涂，一旦被老师判定需要修改，她就会沮丧地扔到一边。

而梁思成则有耐心，最宽容，设计稳重，细节突出。他能把林徽因星光一点的创意打造成出奇的作品。

他们已经不只是情侣，现在更是知音，在爱情的重塑下，在知音的交往中，他们已经融成了一体，你中有我，我中有你。

一个是雕梁画栋，一个是燕子入巢。他，就是她的归宿，而她，也终于找到了命运的回归之路。她有很多新奇而又美丽的幻想，而他则不动声色地把她的梦想付诸实践。她超脱而快乐地走着自由之路，而他则宽容而笃定地跟随着她。

说高山流水似乎太过，但说琴瑟和鸣绰绰有余。

就在两个人稍微安定的时刻，李氏却病重，不知道是什么触动了她，在人生诀别的时刻，她又一次表达了自己不喜欢林徽因的心情。

林徽因失望了，也有了些微的动摇。难道决绝地拒绝，认真地择定，自己表达的真诚还不够吗？

她忽然有了回头的想法。她在给徐志摩的一封信中这样写道："我的朋友，我不求你做别的什么，这会只求你给我个快信。单说你一切平安，多少也叫我安心……"没有一个字谈爱，却没有一个字不关情。

在她的内心深处，不管怎样的要拒绝徐志摩，都只是做给别人看的，或者说，是做给活在世俗中的自己看的。

她的心，一直有他，寂寞时有他，快乐时也有他。只是，她不敢正视他，也不敢正视自己。偶尔被痛苦击中，她的心才会释放出他，膨然胀大，让他来为自己疗伤。让他，把那命运彻底击碎。

可想而知，接到这封信的徐志摩会怎样，他像疯子一样狂奔到邮局，给林徽因发了一封电报。人已经痴了，腾腾挪挪地出了邮局，恍恍惚惚地走在大街上，满脑子都是深夜的康河，静谧的湖水，还有浓香的女音。

她终究是爱他的啊？她终究要回到他身边来了吧？他们该是多么花好月圆的一对啊。啊，要快，要尽快，要以最快的速度让林徽因得到他的回应。

徘徊着，执迷着，他又进了邮局，又发了一封同样的电报。邮局职员诧异地提醒他，他这才恍然大悟，不由地又是痴心一笑，却显得格外凄然，他，是已经失了心了！

然而林徽因也只是问候而已，不管是虚荣，还是脆弱，亦或是像传闻里说的，她太过喜欢被男性围绕着的感觉，她到底还是要回到生活里的，到底还是要回到梁思成身边的。只有他，才终能成为她的命。

四、长相厮守到白头

定巢燕子的世界，满眼都是春天，风也柔美，水也多情。世态纵有繁复雨，一颗安心总清明。

轻燕绕梁飞

娇花雨露，滴染红尘，簟纹暖灯，慵调人生，红香软帘，梦里醉醒。

既然不能执子之手，也无法与子偕老，在一个决绝转身之后，另一个肯定也要奔赴下一个命定。

当徐志摩终于明白林徽因的心思后，很快，他就到了感情的下一站，陆小曼。这一站，还是一样的违于世俗，还是一样的烈火长烟。不过这一次突破烽火线的，不是徐志摩一人，陆小曼始终和他一样，夸张地走着自己的路，根本不屑于世俗的围剿。

如果说林徽因是清水河里开得正艳的菡萏，那么陆小曼就应该是飞入高空的绚烂的烟火。花美一世，最后总是会输给流年。而烟火之绝美，则是把一生的激情全部集中在一处，绽放，绽放，义无反顾，享受的是一刻的永恒。

对林徽因来说，道德礼仪是她的美的值守，而对陆小曼来说，不屑于道德礼仪则是她煽情的条件。

有人说，徐志摩找到了陆小曼，林徽因心理肯定要失衡。我们不是林徽因，我们无法体会她当时的心境。

但以她的性格来说，醋意未必没有，独自占有一个人，一个诗人，一个对爱热烈而执着的人的感情，多少会有那么一点得意。但若真论起短长，徐志摩走的这一步，可能恰恰让林徽因更加安心于自己的选择。

她要的，就是一个细水长流的人生，哪怕韶华都在时光中散走，哪怕体会油盐酱醋的凡尘，她也还是喜欢那种徐徐而来、浸透一生的美的享受。

不久，林徽因的父亲林长民因为搅入张作霖和郭松龄之间的内斗而罹难，被战火焚毁，尸骨全无。

林家的天塌了，林徽因的地也沉了。她整个人都是蒙的，哪里还顾得了学业，她一路哭着飞奔回家，家里的痛与乱超乎想象，妈妈呼天抢地，二娘抢地呼天，几个年纪尚小的弟弟妹妹更是哭作一团。

作为长女，作为林家唯一还有主心骨的人，她还得忍痛主持局面，幸亏有梁启超一家不遗余力帮忙。

丧礼结束后，林徽因整个人都是灰色的，家里失了顶梁柱，经济虽不至于面临困境，可到底是没有了后续来源。她一面心痛着父亲，一面思索着未来。

梁启超一力承担起了照顾林家的责任，他让林徽因继续安心完成学业。林徽因非常感动，但还是有些恹恹的。

父亲是她的一切，很小的时候，父亲常年在外，她要通过书信来和父亲连接，那时候，她仿佛是他的主心骨，能让一个漂泊的游子安心、温暖地在外游历。

豆蔻年华，父亲带她到欧洲游历，他给她讲他的理想，给她讲这个精彩的世界。他成了她的主心骨，他成了她描绘世界的第一支画笔。

她忽然有些憎恨爱情的世界，男欢女爱再美，也没有父亲给她的安心，没有父亲为她建设的温暖。

她从来没有黏过父亲，可现在她多希望自己就是一个不懂事的娇儿，撒娇耍赖缠住父亲外出的脚步，只把他安全地拴在家里。

她的消沉，让梁启超惊讶。面对那么多追求者，梁启超都没有动摇，可是面对她的颓暗，他却开始担心了，她能振作起来吗？她和梁思成能互相成就吗？

林徽因并不是一个容易沉迷的人，活泼轻松的大学生活，知心相依的梁思成，终于让她缓了过来，她又成了心思别致的建筑设计系的小女生，她同时也是梁家小子十分笃定的未婚妻。

几年的学业结束后，林徽因和梁思成就在加拿大的姐姐梁思顺家里完婚。这一年，梁思成 27 岁，从他第一次见她怦然心动到现在，整整 10 年。

林徽因 24 岁，从 16 岁情窦初开，到步入婚姻殿堂，一路走来，林徽因一直备受宠爱，在她的内心深处，对爱的悸动，似乎永远没有对家庭的憧憬更浓。

婚前，梁思成问林徽因："有一句话，我只问这一次，今后我都不会再问，为什么是我？"林徽因微笑着答道："答案很长，我得用一生去回答你，准备好听我了吗？"

这不只是一个一生的期限，这还是一句白头到老的誓言，他没有读懂她，但是何妨？她愿意奉献一生，让他来读懂她。

她也在用这个一生的期限，来揣摩自己，来验证自己，到底是喜欢浪漫的情愫，还是喜欢稳定的婚姻？

这浪漫的情人的推敲，再一次体现了林徽因骨子里的别致，以及别致中的情感守恒。

浮游的感情靠岸，生活从此安然，但梁思成却不改宠溺林徽因的习惯：

她病了，他就学习护理，亲自担任她的“护士”，衣不解带地照顾她；他去美国出差，给林徽因带来一堆新奇的电子小玩意儿，可以调整的帆布靠背、可以调节的读写小桌……每一样，都充满了惊喜，都带着对她满满的爱意。

人生难得一得意，娶妻娶到最如意，又是知音，又许乾坤，十年相随终成眷属，自然是爱在心头，捧上掌心！

花容淡抹，凡尘俗轻

林徽因和梁思成在美国留学，在加拿大结婚，接着又去欧洲蜜月旅行。等到她以新娘子的身份踏进梁家时，几乎所有的人都错认为：她，原来就是梁家的人，没有丝毫的隔阂，没有一点疏离。

梁启超更是欣喜万分，他在给大女儿思顺的信中这样写道：“新娘子非常大方，又非常亲热，不解作从前旧家庭虚伪的神容，又没有新时髦的讨厌习气，和我们家的孩子像同一个模型铸出来。”

生活，真实地扑面而来，它像林徽因设想的一样，亲切，自然，又需要全心投入。她喜欢这样的人生调子，愿意继续着这样清淡执着而又饱蘸盛情的生活。

早在回国前，梁启超就为儿子筹划了几条路，短期历练如到上海为一位著名藏画家做义务书记，长期的规划有到清华大学任教、到东北大学任教。

梁启超更看好东北大学，东北大学校长张学良正大力网罗留学人才，早就向梁思成抛出了橄榄枝。

可林徽因却犹豫了，父亲林长民是因为反对张作霖而遇难，虽然反对并非他的意愿。她难以确定，张学良对她会有怎样的态度，也不知道该怎样面对这样一个政治人物。

梁启超则认为，他们就是学者，不涉政治，只谈学问。几番权衡后，梁思成和林徽因选择了东北大学。在那里，为他们而创建的建筑系里，小夫妻俩成了开山之师。

梁思成任教授兼系主任，林徽因讲“雕饰史”和建筑设计，后来又讲“专业英语”。开垦虽然辛苦，传播却也畅快。年轻让他们充满激情，阅历让他们胸怀激荡，他们用自己曾经丈量过的美好，为更年轻的生命舒展着世界的魅力。

这就是他们向往的生活。这里，有梁思成沉稳厚重的人生理想，也有林徽因飘逸灵动的生活诗意。

张学良公开悬赏征校徽和校歌。设计正是林徽因的长项，她冥思苦想，全力以赴，几经易稿，最后确定了“白山黑水”的创意。这枚校徽不但有中华古典文化内涵，又有当时学校的意境寓意，在白山黑水图案两侧绘有两只动物，左侧是熊，右侧是狼，警示时局险恶，熊狼环伺。

这枚校徽一举拿下了设计冠军，林徽因名声大噪，还获得了400个银元的奖励。张学良更是对她青睐有加，几度欲请她做私人教师，但都被她婉言谢绝了。

她喜欢举世瞩目的感觉，她愿意被世人追捧信奉，但她不愿意走烽烟之旅，不愿意掺杂政治的世界。

获奖让她风光无限，回到家，依然只是柴米油盐。不过柔情似水，岁月如歌，日子倒也安然。小夫妻俩很快迎来了新生命，他们的女儿梁再冰出生了。该有的都有了，家庭、事业、孩子、荣誉，该没有的也都渐渐烟消云散了。似乎是尘归尘，土归土，可世界真的一片清净了吗？

倦态随闲，忙人更碌，梁思成虽然依然对林徽因照顾得无微不至，怎奈生活到底更具尘烟。林徽因本就身体柔弱，东北的恶劣气候极大地损伤了她的健康，她肺病复发，不得不回到北京休养。

她住到了香山，那里本来风景淡雅幽静，竹影横斜，正是春天，细雨酥润新绿，暗尘不起好眠。等待她的，又是怎样的人间真味呢？

山间桃花，仙家芝草

千里归来，前缘再续。回到北平，意味着和徐志摩再次相遇！

林徽因和徐志摩，这两个一直被笼罩在感情烟幕里的人，终于尘埃落定，彼此在对方划定的银河对岸，相望，相守。抽离了爱情，那份友情却情深不减。

成全这段友情的，自然是梁思成。他未必没有痛苦，但他非常大度。最好的爱情，是懂得成全。

林徽因到底是一个文艺浪漫的女子，她喜欢充满诗意的人生。他不愿意以单调枯燥的生活绑架她的自由，他不愿意用婚姻来阻挠她的浪漫情调。他的底线只有一个字，那就是爱。

为了打消徐志摩的顾虑，为了消除外界对林徽因的诋毁，他亲自招待，而他不在家时，就让林徽因的堂弟林宣接引徐志摩上香山。

和徐志摩的交往，更丰富了林徽因的感情，也挑动了她作诗的灵性，就像是一场春眠，在春风里施施然醒来，慢舒枝芽。很快，她就发表了诗作《笑》：

笑的是她的眼睛，口唇，

和唇边浑圆的旋涡。
艳丽如同露珠，
朵朵的笑向
贝齿的闪光里躲。
那是笑——神的笑，美的笑：
水的映影，风的轻歌。

笑的是她惺松的鬈发，
散乱的挨着她耳朵。
轻软如同花影，
痒痒的甜蜜
涌进了你的心窝。
那是笑——诗的笑，画的笑：
云的留痕，浪的柔波。

如果诗人只是诗，那不知道该有多么美好。这样轻灵流动的小诗，永久地留存了俗世里昙花一现的飘逸的精致，一丝流线，不带繁杂。可惜，她不只是诗，她还是一个有独特性情的女人。

她的这首诗正是为了回应徐志摩当年为她所作的《情死》：

你颊上的笑容，
定是天上带来的。
可惜世界太庸俗，
不能供给他们常住的机会。

你的美是你的运命！

如果他们都住在诗里，不知道有多么美好，那样，你就不用去问：她到底爱不爱徐志摩？既然爱，为什么不结婚？如果不爱，为什么又始终留恋？

她曾经说，徐志摩爱的是赋予了诗意朦胧的她，可她喜欢的，不也正是这个他给予诗意朦胧的自己吗？她一生都活在自己的得意里，活在他给她的诗意中。

在香山的日子，成了她写诗的日子。写诗，她一定要在晚上，晚风轻拂；一定要点上一炷清香，轻烟缭绕；一定要摆一瓶插花，花香四溢；还要穿一袭白绸睡袍，白纱曼妙；然后面对庭中一池小荷，在诗的世界里，流转诗的云痕波雾。

吹香弄碧，月影白衫，梦里嫦娥相比逊色，凌波微步洛神不如。她如此得意着自己的诗意。

她的堂弟后来接受采访时说："我姐对自己那一身打扮和形象得意至极，曾说'我要是个男的，看一眼就会晕倒'，梁思成听了就说'我看了就没晕倒'，把我姐气得要命，嗔怪梁思成不会欣赏她，太理智了，好几天没理他。"

梁思成，还是那个稍稍木讷但温厚的依靠，而她，依然是那个向往飞天、胸怀世界的小女子。他们，看似各异其实和谐，看似同在其实又各有天地。

徐志摩是一定能欣赏得了她的，所以，哪怕住在香山，哪怕山路坎坷，她也要穿上高跟鞋，为他走出那一份婀娜，维护他赐予她一身的诗意。

林徽因，和梁思成住在同一个生活频道里，却和徐志摩活在同一种精神意境中。妻子和徐志摩的密切交往，也许不会扰乱梁思成的君子之心，但两人的那种默契和相似，却终究还是会让梁思成产生一种渐行渐远的感觉。他和林徽因，终究隔了一个诗的世界。

四月早天云烟散

相逢唤醒康桥梦，只是梦醒佳人无期。再见林徽因，偶尔的四目相望，徐志摩一定还是会痛断肝肠。不然，他不会在生命的最后一个奔走，也朝向她的方向。

就在林徽因结婚的第三个年头，徐志摩为了赶上在北京协和医学院礼堂关于中国古代建筑的讲演，迫不及待地搭乘了一架邮政机飞往北京。

那天有大雾，他原本是不想走的，然而，他还是走了。是冥冥之中的召唤，还是终止符的空满，谁也说不清。

飞机在济南党家庄附近触山爆炸。徐志摩，一代英才，魂归天外。身后，留下的是一个女人的惊恐，一个女人的痛哭，一个女人的无语，还有无数人的慨叹。

痛哭的，不是陆小曼，失去了人生依靠的她，已经完全懵了，惊慌中，她什么都听不见，什么都看不见，唯有心头突突的乱跳，和那阵阵疼痛，才让她有活着的感觉。

很多人慨叹，因为父亲断了徐志摩的财路，为了柴米油盐，陆小曼和徐志摩的爱情已经快到终点，徐志摩用生死离别，给了她一个体面的结束。然而她到底还是活了个糊涂，连他最后一面，也不曾去见。

爱情，其实繁杂，浪漫，实则无趣。当饮过烈酒，当爱痛骨髓，赫然发现，人生实在空洞。就连用诗意赋予的美丽外壳，看着都如此丑陋，这突发的丑陋让她只剩下措手不及。

痛哭的，也不是张幼仪，泪如泉涌是一定的，可是她对他，是隔着心隔着肝的，她哭着他，她也还是不理解他的。活着的时候，两人相对，尚且默然无语，如今生死两茫茫，更是无处话凄凉。

然而他是她的亲人，他可以对她冷酷，她却难以对他无情。他的身后事，全由她一手操办。他的残骸，已经没有温度，他的思想，也早随魂飞，这是真正的尘埃落定了，陪伴他的，却只有她。那爱情最鄙视的流俗，反过来却支撑了爱情的无助。

痛哭的，是林徽因。她想不通，他怎能，怎能以生死离别的方式转身？生活对他太痛了吗？浪漫让他太苦了吗？他是否，是否用决绝来保留最后一分纯真？

一直矜持的她这一回却率真地表达着自己的痛。她连夜亲手赶制一个小花圈。那白色的小小叶瓣，洒着她的泪，印着她的痛。不要那么快地走远吧，至少要收下这一份永久的思念。

她请梁思成亲自赶往白马山空难现场，帮助收敛徐志摩遗骸。

按照她的嘱托，梁思成为她带回一片飞机残骸。她就把它挂在自己的卧室，一直。

这是另一种长相厮守，无法触摸，却不必触摸，无法交流，也不必交流。失事，不是徐志摩的选择，但若有这样的结果，徐志摩大概也会义无反顾的吧，为爱，他放弃得太多，一条性命，身外之物，又算得了什么？只是不知道，他这颗心，到底要分成几块？哪一处，才能让他真正安身？

逝者长已矣，凡尘世俗还要延续下去，没完没了。哭着，笑着，爱了，恼了……苍烟渐远，人被云隔，蓦然回首，依然是历历行歌。

几年后，林徽因写下了最著名的那首诗《你是人间的四月天》：

我说你是人间的四月天；
笑响点亮了四面风；轻灵
在春的光艳中交舞着变。

你是四月早天里的云烟，
黄昏吹着风的软，星子在
无意中闪，细雨点洒在花前。

那轻，那娉婷，你是，鲜妍
百花的冠冕你戴着，你是
天真，庄严，你是夜夜的月圆。

雪化后那片鹅黄，你像；新鲜
初放芽的绿，你是；柔嫩喜悦，
水光浮动着你梦期待中白莲。

你是一树一树的花开，是燕
在梁间呢喃，——你是爱，是暖，
是希望，你是人间的四月天！

有人说，这首诗是写给徐志摩的。他走了那么久，可人间，依然有他的传说。也许是吧，可他们毕竟是楚河汉界，活着，他不过是衬托她的一道靓丽风景，死了，他也只是她为自己创造的一种艺术性的缠绵。

最多，他是她四月早天里的云烟，朦胧着，朦胧着，终于还是散了。

也有人说这是写给梁思成的，未必，他给她的，是厚重与承托，因为没有直接而锐利的感觉，她反而最容易忽略他。

不过有什么关系，她始终是他的妻，这对他，已经足够。他毫不避讳地对朋友说：“中国有句俗话：‘文章是自己的好，老婆是人家的好。’可是对我来说是，老婆是自己的好，文章是老婆的好。”

你若安好，便是晴天

徐志摩轻轻地走了，给林徽因留下了最美好的祝愿：时光如水，总是无言。你若安好，便是晴天。

他的生命匆匆，她的红尘依旧。不管她怎样挣扎了来掠取一份悠然一种静美，她却始终只能是活在虚妄的深流中，连最初那种萌动的欣喜都变成了心酸。

安好吗？的确！

是晴天吗？你看得见那日的光耀，那夜的阑珊，你看得见一颗心的茫然吗？

她那么爱诗，可她却只能守着并不诗意的人生，一程山水，一程琐碎。

在北平，他们租住在北总布胡同三号，一个有着大大小小四十个房间的院落，还雇佣了两个厨师、两个保姆、一个车夫、一个专管书房的听差。

生活富足，可她到底还是成了家庭主妇。一个家庭主妇的生活，实在没有什么浪漫可言的。她不但要照顾丈夫和女儿的饮食起居，还要组织和协调这些雇佣者来维护这一个家庭的圆满。

所有的事情都是琐碎的，所有的事情，又似乎是必须的。就连邻居家房子需要修缮，这样的事情，问到她这里，她又不能弃之不顾，还得热情地出资帮忙，至于林家、梁家，往来琐事，就更是繁杂。

她不胜其扰，但她不能躲避。她是迎着凡尘来的，那阳光下漫洒的尘埃微粒，也是一种别样的景致，她愿意轻手将其放在岁月的相框里，烟暖天晴，繁华开尽，一路大好心情。

只是寂寞，却没来由地深重了。在丈夫和女儿酣然睡去，在雇佣者做好工作已然安歇，万籁俱寂后，看月满月缺，听小风搏树叶，或感叹红花黄叶，那文艺的细胞豁然苏醒，世界如此喧嚣，内心再不能平静，她轻轻质问：这份安好，难道就是生活？

如果没有战乱，这已经是生活。但生活总是布满荆棘，战乱的年代会有更多的惊险刺激。尽管梁思成和林徽因抱定主意，不问政治，但政治却无时无刻不在影响她的家，影响她。学生们游行，她家成了避难所，战争的爆发，又让一家人从此辗转流离。

但不管怎样，凡是能找到的幸福和美丽，林徽因就不会怠慢。浪漫，其实最平凡。当我们逆着时光，去寻找那散落在生活中的林式美丽，我们会发现，就是一地梨花，也跳动着轻松而协调的乐音，那是成熟的乐音，那是自然的乐音。

奔走河山为梦成

朱阁画楼虽老，故人旧事常新。从前的岁月，留在从前的建筑里，从前的建筑，写着从前人的才华和风月。建筑里，住着重叠着的时间。

朱启钤是民国时期最关心古建筑的一个官吏，他自费创建了中国营造学社，开始对中国古代建筑实地考察勘测，发掘弘扬即将灭绝的古建筑艺术。

梁思成和林徽因得知后，很快加入。这时，林徽因已经生下了儿子梁从诫，生活渐渐步入了常轨，她的身体也越来越康健，她终于可以抽出时间，和丈夫一起去实现她年轻时的梦想。

古桥、古堡、古寺、古楼、古塔，或带着恢弘的气息，或掩藏着精致的细腻，带着历史的痕迹，与林徽因邂逅，借着她的纤纤素手，摆脱尘封，跳出死寂，活成传下去的艺术。

生活的灵光，借着锁在一片片、一层层木板、石阶中的艺术复苏，慢慢氤氲开来，笼罩着林徽因，这位女神，也终于从凡尘的夹缝中，跳脱到艺术的世界。

不过，艺术烂漫，实现艺术的过程，却不能散漫。奔走，是一个最基本的付出，翻山越岭、穿林过瀑、爬梯上柱，都是必须，还有勘测和记录，一个整体的艺术，必须要借助于枯燥而繁多的数字，那让世人惊叹的才华，才能活化成简单易懂的传承。

越是珍贵，就越是难得，越是难得，就越是让人心动。沉浸在古代建筑艺术气息里的林徽因，跟着丈夫，去城市里的古庙、古楼，体会历史的繁荣与复杂，去乡村中的古桥、古寺，体会古代民间的淳朴与自然。

她是高兴着的，艰难困苦，反而更激发了她的浪漫情怀，让她去勾勒历史，让她去描摹现实，她这样说：

山中一个夏夜，深得
像没有底一样；
黑影，松林密密的；
周围没有点光亮。
对山闪着只一盏灯———两盏
像夜的眼，夜的眼在看！
满山的风全蹑着脚
像是走路一样；
躲过了各处的枝叶
各处的草，不响。
单是流水，不断地在山谷上
石头的心，石头的口在唱。
均匀的一片静，罩下
像张软垂的幔帐。
疑问不见了，四角里

模糊，是梦在窥探？

夜像在祈祷，无声地在期望

幽郁的虔诚在无声里布漫。

静静的夜，没有忧戚，也不是浓暗，轻轻的风，闪着调皮，带着娇羞，碰撞着，嬉戏着，只有一滴水，一滴水，又一滴水，在老石的臂窝里，热烈地交流。这是山村的夜，是林徽因的梦，是林徽因最现实的浪漫。

终日依傍着这样一位优雅有情调的女性，就连梁思成也终于烂漫起来。在他的野外勘测笔记描写桥的段落中，他这样写道：

“桥是那么伟大，但也能娇小妩媚。秦少游为‘秋千外，绿水桥平；东风里，朱门映柳’的绚丽景色所动，李肩吾爱看‘直下小桥流水，门前一树桃花’，欧阳修更痛快，他偏喜欢‘独立小桥风满袖’，多么潇洒。”

他未必想成为诗人，大概也不想做文人，然而他也喜欢那种文思飞扬的感觉，喜欢那种意境深幽的姿态。他，到底和她生活在一个频道里。

五、为逐林而居者鸣

若我不曾见你，此生也许荒唐，如今我只见了你，便再无半点谬妄，全是星光，是更荒唐。

初识倾城风韵

明月登楼，花空烟水流，长梦不醒，红妆春骑踏月冷影。和徐志摩轻轻挥别，一转身，林徽因又遇到了另一个浪漫的人，这就是金岳霖。

说起金岳霖和林徽因的相识，还得从徐志摩说起。

在伦敦遇到林徽因的徐志摩，迅速陷入爱河，他和妻子提出离婚。金岳霖就是徐志摩和张幼仪的离婚证人之一。

离婚证人，不比结婚证人，一个是见证破灭，一个是成人之美。能做这样一个很扫兴的证人，说明两点：一、金岳霖和徐志摩关系非同一般，二、他认同徐志摩的婚姻观。

事实的确如此，金岳霖是徐志摩的同学，两人都喜欢罗素，他们对恋爱和婚姻的态度是：浪漫地交往，自由地结合，舒适地相处，潇洒地告别。

作为离婚证人，金岳霖见证了徐志摩对张幼仪的冷漠，同时也感受到了林徽因对徐志摩的吸引力。徐志摩公然宣称，离婚要快，因为他已等不及。之后，徐志摩追随林徽因的脚步到北京，他为此写下“销魂今日进燕京”的诗句，更是让金岳霖记了一辈子。

人未见，声未闻，风韵浑然已现。不过，以对徐志摩的认识，金岳霖也只是把林当成了一个美娇娥而已。及至后来见面，他才发现她不但拥有绝世美貌，才华和品位也同样不同凡响。这位中国最著名的哲学家，中国“逻辑学”之父，一下子就被她给迷住了，而且自此以后，一发不可收拾。

“时间是一个最理想的北平的春天下午……地点是我们太太的客厅……当时当地的艺术家、诗人，以及一切人等，每逢清闲的下午，想喝一杯浓茶或咖啡，想抽几根好烟，想坐坐温软的沙发，想见见朋友，想有一个明眸皓齿能说会道的人儿，陪着他们谈笑，便不须思索地拿起帽子和手杖，走路或坐车，把自己送到我们太太的客厅里来。”

冰心的《太太的客厅》这段话，说的正是林徽因家的客厅。那个明眸皓齿、能说会道的，自然就是林徽因。声名在外的林徽因既喜欢宁静的诗意人生，又极爱热闹的交流，尤其热衷于做话题的中心。

她家的客厅，招待的都是留学精英，他们学问渊博又视野开阔，他们思想先进又喜欢诗酒狂歌。徐志摩是“太太的客厅”的常客，他也经常邀请一些朋友来，金岳霖就是其中之一。

造化弄人，金岳霖和林徽因的第一次见面，也是客厅，不过，这一回，她已嫁作他人妇。而他，也是佳人在侧。

还在美国时，金岳霖就和一位主张不结婚的美国金发女子同居，他们都崇尚自由，喜欢浪漫，因为心意相通，那女子还跟随他来到了中国。

谁知一见林徽因，金岳霖渐渐地明白了徐志摩的感受，因为他已经和徐志摩一样不能自拔。世人常用道德来绑架恋爱，可是心动的感觉，又有谁能驾驭得了呢？

金发女子很快就获悉了真相，她马上提出分手，迅速消失，完全是不留一点痕迹。这是一个非常干脆的女人。而金岳霖也很率性，他居然卷了自己的行李，干脆搬到林徽因家后院去住。

这种疯狂与任性，丝毫不输徐志摩。他和她的开始，似乎也是一场不由自主的诱惑，一如徐志摩。然而，他和徐志摩又如此不同。

钟爱一生，无悔

今古感情无定局，琴瑟和也，红粉蓝颜多折磨。

林徽因和徐志摩虽然有过康桥之恋，但各自结婚后，只是知音往来。但林徽因对金岳霖，却动了真感情。

金岳霖个头高，行事直率而坦荡，自有一种浩然之气，常被身边的人称为“绅士”。但其实他对“绅士”一词也是不屑的。

他自己有一只大斗鸡，每次，他吃饭的时候，大斗鸡就把脖子伸到桌子上，和他一起进食，他居然安之若素。

不光如此，他每次买来水果，都不是先吃掉，而是拿来和同事家的孩子比大小，若是自己的小，他就会把水果送给那个孩子，自己再跑一趟，去买回新的水果。

不知道林徽因是喜欢他的率性天真，还是喜欢他的机智幽默，抑或是喜欢他的温柔憨厚。反正，面对这个比她大9岁的男人，她心动了。

她很苦恼，她尽管得意着自己的美丽，也喜欢被人宠爱的感觉，但她并不想做感情的背叛者。在梁思成从外地考察回来，她向他坦白了，她说：“我苦恼极了，因为我同时爱上了两个人，不知道怎么办才好?”

听到这话的梁思成，痛苦非常。尽管他和林徽因的爱情之路，走得很稳，但结婚之前的吵吵闹闹，风风雨雨，结婚之后的矛盾相处，风言风语，都使他一直处于清醒之中：柔柳红花多情人，世界上最守不住的，就是一颗倜傥之心。

经过一夜的痛苦思索，他认真地告诉林徽因：“你是自由的，如果你选择了老金，我祝愿你们永远幸福。”他把林徽因抛给他的火球，再一次抛回去，把选择权完全给了林徽因。

他并非释然，但却是理智的，他知道，她是一个优秀的女人，他抓得越紧，失去得也就越快。也许，他是太累了，年轻时尚可以和三五情敌周旋，人到中年，他已失了那份为爱而你争我夺的斗志。

有趣的是，当金岳霖从林徽因那知道了梁思成的态度后，他居然被震住了。他说："看来思成是真正爱你的，我不能伤害一个真正爱你的人，我应该退出。"

金岳霖未必没有想过留云借月、抱得美人归，可当他看到梁思成的宽容、梁思成的境界后，马上打定主意：退守终身。他愿意在梁思成护栏的外面，再建一道护栏，既护庭院，也护第一道护栏。

两情若是久长时，又岂在朝朝暮暮。这道理，梁思成懂，金岳霖也懂。两个本该站在敌对立场上的人，本来要进行一场生死搏斗，却豁然顿悟，放下屠刀，立地成佛。

自此以后，金岳霖始终依"林"而居，梁思成居然也心无芥蒂。

因着林徽因，这两个男人，在友情以内，也终于有了惺惺相惜的真情，也有了眷眷相顾的亲情。一个有的，另一个不会锦上添花，一个没有的，另一个马上会雪中送炭。

梁家有什么大事小情，金岳霖都是一个冷静的参与者。就连梁思成和林徽因吵架的时候，金岳霖也是他们最理智公平的裁判，还是最温暖贴心的呵护者。

三人像是一个稳定的三角，一起度过战乱，一起慢慢变老。温柔的岁月，惊艳的时光。若没有两个男人宽广的胸怀、超逸的信念，这故事也就不会这样美丽了。

这，是两个值得尊重的谦谦君子。那温婉、娴静、活泼而又灵动的四月天，等待的正是这人间最美的缘，纯粹架构了美好，超逸粉碎了恶趣。

当然，说到底，这毕竟是生活。在梁思成和金岳霖之间的林徽因，并非如人们想象的那样，左缠右绵，享尽呵护。

她在给胡适的信中说，一方面要对得起自己的丈夫、家庭，一方面要对得起另一个爱自己的人，心和性情都会变得为难。

在两个挚爱自己的男人面前，她是享受着的，可就连享受，也有一定的痛苦反射，这，就是人生，始终让人捉摸不定。

此情只应天上有

不是剪不断，也不会理还乱。岁月如春风掠过，生活也有刀剑霜寒，也许风烟世故乱，但三人终于雍容又安然。

可惜红颜易老，天妒英才，林徽因身体娇弱，又历经战乱，经常生病，容颜憔悴。即使她早已不复当年的美丽，金岳霖依然对她痴情不改，始终如一。梁思成出差，就是他，悉心照顾她。

虽红心似火，但他终于还是没有留住她，林徽因五十一岁即病逝。在林徽因的追悼会上，金岳霖哭成了泪人。

那是割心之痛！世界上最远的距离，莫过于隔着婚姻看自己所爱的人，这，也没有什么。他可以忍得爱而不得，却忍不得生离死别。她走了，他所能给的所有爱和呵护，就只剩下一抔黄土，这叫他一腔情怀，该诉与谁说。

林徽因走后，梁思成又娶了他的学生林洙，这让金岳霖又惊又怒，甚至几度不愿意再见这个昔日老友。

这个信奉婚姻自由、爱情浪漫的人，反而以最传统的方式来定义了背叛。每当夜风轻抚，柳叶遮面，他常常忍不住想：当初那场君子退守到底是维护了自己，还是维护了一场真爱。

但没有多久，他也终于通透，哪有什么海枯石不烂，爱情也不过是山一程水一程。只是，他理解了梁思成，却始终放不过自己。

有一天，他请一些朋友去北京饭店聚餐，他看起来面容沉郁、情绪低落，好久，他才闷闷地说："今天是林徽因的生日。"

一句话，让在座的朋友唏嘘不已，为昔日光景不再，为多年老友的离开，也为这君子之爱的痴守。

在林徽因逝世后，金岳霖就像个失魂的女人一样，泪染尘沙。在最后的岁月里，他像个落魄的游子，在听到林徽因的名字，才有回到家乡一样的欣然，为此，他一直和梁思成的儿子梁从诫生活在一起。

当有人为整理林徽因的诗集而上门采访他时，已经精力衰竭的他提起半个世纪前林徽因发表的《八月的忧愁》时，竟然脱口而出："黄水塘里游着白鸭……"

时光是最干脆的搅拌机，搅得了爱恨离别，拌得了酸甜苦辣，可时光奈何不了金岳霖，人生走得再远，他对林徽因，始终只如初见。

也难怪，人到晚年，在梁思成的回忆中，最爱林徽因的，不是他，不是徐志摩，而是金岳霖。

林徽因的故事，借由三个男人的追爱步履，连贯成了一生。

如果没有梁思成，林徽因就像是没有绿叶的红花——孤单；如果没有徐志摩，林徽因就像是夜幕里的珍珠——无光，如果没有金岳霖，林徽因就像是被尘封的仙乐——落寞。

徐志摩的爱很炽烈，但他的爱，有一种自我灵魂放逐的味道，这让林徽因有些吃不消。他在林徽因这里碰壁后，转身又在世俗中找到了另一处繁华。

梁思成的爱很浓厚，但他的爱，稍有一种世俗权威感的失落，压力肯定会在岁月里滋生。他在林徽因逝世后，又和别人牵手，大概也很想补足灵魂里的缺憾吧。

“金岳霖终生未婚，一度逐林而居，爱得浓烈却简单，至情至性。爱一个人爱到极致，不但是对对方的呵护，也是对自我的忠守。”

有了金岳霖，林徽因的生活，在圆满之后，才会又有升级。凤凰不用浴火，不用涅槃，也能重生！

在林徽因的追悼会上，金岳霖送的挽联如此写道：“一生诗意千寻瀑，万古人间四月天。”只要人间有四月天，那么这个美丽女子的故事，还会继续传下去的吧。

或者，不管你怎么想，她都在那里，在那春光娇艳的变里，在那黄昏吹着风的软里，在嫩芽初黄的惊喜中。聘婷的百花，高悬的明月，都是她的身影。有一天，你在水光里看到一朵别致的白莲，那，或许，就是她永久的落脚点。

她们仨

在风华绝代的才女佳人中，最想遇见

——张爱玲、林徽因、杨绛

杨绛

——山间明月水上清风

我们曾如此渴望命运的波澜，到最后才发现：人生最曼妙的风景，竟是内心的淡定与从容。

——杨绛

她，不是争春的山花，不会渲染激烈的色调，也不是浓情的夏荷，叶卷花开都带着一种决绝的超凡。她更像是山间明月水上清风，给予最清透的光亮，给予最轻柔的怜惜。

春华即有才名，一生只服务于笔墨，百年沉淀，留下不朽的锦绣文章。她并不默默，初开即灼灼，然而她一生都淡名，不求勿忘我，只求大隐隐于书。书，才是她花开的世界，世界，只为她求得一书又一书。

她本性即淡然，自有一个安然而清净的世界，哪怕世界纷扰，哪怕战乱不断，哪怕主义翻飞，她只做她自己，躲进小楼，俯首笔墨，潜心一志，静然一心。

因了这份淡然，她遇见了另一个飘然。他曾经年少猖狂，他一直不谙世事，他沉迷于书海，他冷淡于喧嚣。她是明月松间照，他是清泉石上流。一个温情脉脉，一个满腔柔情，只一次静谧的相对，足以让他们安宁地厮守一生。

他称她是“最贤的妻”，“最才的女”，赞她有金的炽热，有银的柔软。他的世界，因了她的存在，才一生安然。

一开始，只是笨手笨脚做错了事后一句“不要紧”的安慰，然后是人事纠纷中为他拨云见日，后来是重病时、是磨难时不离不弃地坚守……她，是他的定力，让他自信于放歌四海；她，是他的智慧，让他可以难得糊涂；她，做了他一辈子的倚赖，她，成了他一生的主题。

她明明胆小，又极脆弱，可站在他面前，她就成了坚强，就有了毅力。因为他的稚拙，她宁愿让他先去，自己一个人独留人间，“打扫战场”。

她始终在成全，她说：“我一生最大的功劳，是保住了他的淘气和那一团痴气。”因为她，他始终能做自己。所有的被误解，一切的被挑拨，曾经的被论罪，后来的被折磨，让他失了力气，抱守病体，却没有让他失去志气，没有让他忘记初心。

千古明月几时有？此生此夜清泉幽！

私人档案

中 文 名： 杨绛

原　　名： 杨季康

国　　籍： 中国

民　　族： 汉族

出 生 地： 北京

祖　　籍： 江苏无锡

出生日期： 1911年7月17日

逝世日期： 2016年5月25日

职　　业： 作家、文学翻译家、外国文学研究家

毕业院校： 东吴大学、清华大学

主要成就： 翻译《堂吉诃德》、《小癞子》、《吉尔·布拉斯》

代表作品： 散文《干校六记》、《我们仨》，长篇小说《洗澡》，剧本《称心如意》

家世背景： 父亲：杨荫杭，中国近代史上的进步学者、法学家、翻译家、文学家。

婚姻状况：1935 年，杨绛与钱锺书结婚。

经典语录：

人能够凝炼成一颗石子，潜伏见底，让时光像水一般在身上湍急而过，自己只知身在水中，不觉水流。

刚开始是假装坚强，后来就真的坚强了。

我们读书，总是从一本书的最高境界来欣赏和品评。我们使绳子，总是从最薄弱的一段来断定绳子的质量。坐冷板凳的呆子，待人不妨像读书般读；政治家或企业家等也许得把人当作绳子使用。

一、故里云烟寒素往事

东风来，润雨酥，花开自然。从来没有这样笃定，生命不是征程，只是青山一程，秀水一程。

通才博识，铁骨冰心

当华美的叶片落尽，生命的脉络才历历可见。

以孩提时代的杨绛仰望，杨荫杭是一个凝重有威的父亲，他，是爱。

他整日忙碌于事业与理想，一个人要担负一大家子二三十口人的生活。他几易职业，南北漂泊，来往都是鸿儒与志士，常有慷慨之词，极受人尊重。

他很爱孩子们，经常带水果、干果和一些小零食给孩子们，开玩笑地称是“放焰口”，满足每个“小鬼”的口腹欲。偶尔散发童趣，他还会和孩子们一起做冰淇淋，小小地闹上一番。

从姑妈的嘴里也能听到，父亲也有过“顽劣”的童年。不知道他哪来的信念，认为自己喷水念咒就可以让动物土遁。他抓住一只蛤蟆做实验，将其扣在瓦盆下。几天后，揭开瓦盆，发现蛤蟆瘦得只剩下两只大眼睛瞪着他，他便也瞪着两只眼睛看它，奇怪自己的咒语居然无效。

而到晚年的杨绛再回忆父亲，顺着历史的踪迹，借由一个个民国志士的指点，一点点找寻当年的梦想之路，赫然发现，他还是个斗士，他，是峥嵘的风骨。

杨荫杭常说自己出生于寒素之家，是贫寒志士，他从少年时代就立志于改变中国。他学习刻苦，以优异的成绩考入北洋公学，然而他性格刚烈，耿直率真，在一次改善伙食的学潮中，看到洋人用开除来震慑学生，并未参加闹学潮的他挺身而出，与洋人对抗，自动退学。

有亲人朋友们谈及此事时会忍不住讥他一句，而他则憨然一笑，世俗或许有世俗的规则，他，也有自己的分寸。

那是一个造就梦想的时代，有着一群又一群学贯东西的通才博识，经历了一拨又一拨思想的变革洗礼，正是云山苍苍，江水泱泱，志士之风，山高水长。

幸亏苍天不辜负才学，从北洋公学出来，一转身，他就又考入了南洋公学，并被送到日本早稻田大学留学。

回国后，他又创设励志学会，带头反对宗族祖法，排满革命，成了宣扬和卫护“民主法治”的“疯骑士”。被清廷通缉后，他再次辗转到美国宾西尼亚大学学习法律。

这给了这个激进青年沉淀的时间，他潜心研学，思想更加成熟。再回头看故里山河，又是一番容颜。有那么多勇士推动着社会在变革，有那么多斗士推动着历史在进步。中国是好男儿的，好男儿是中国的，他的一腔热情，再次被点燃。

他成了著名的法律人，但他依然还是冰心玉壶。权威军阀访问，乡绅名士官员们纷纷谄媚，联名在报上登欢迎词，他的下属也随波逐流，将他的名字写进其中，他知道后立刻登报，说明自己完全没有欢迎之意。被讥笑不识时务后，他郑重地说："名与器不可以假人。"

他为人并不张扬，但他性格实在率性认真。他曾先后任江苏、浙江和京师高等审判厅厅长和高等检察长。理想就在眼前，然而眼前的事却并不理想。

明明宣扬"三权分立"，当他审判恶霸杀人事件，督军和省长全部来调停，只因为一个有裙带关系，一个有利益往来。他愤怒异常，坚持司法独立，最终却被调离，就这，还是有朋友相助的结果。

到了京师，他依然不改初衷，以法之名，清正世界。在搜集了交通总长许世英贪污受贿的证据后，马上扣押了这位官场要人，而且不许保释。

一夜之间，说情的，以上欺下的，电话纷纷叫响，就连司法总长都来电暗示，他，不为所动。他多么想以一己之力，营造一个廉洁的官场。然而他等来的，只是停职审查。他赢了初心，赢了舆论，却输了司法的廉洁，输了理想和事业。

他终于心灰意冷，挂冠南归，从此成了报人，还做起了律师。然而做律师也不像律师，依然是为人伸张正义的骑士，有个 30 多岁的男人问他如何能让异母庶出、尚未成年的妹妹不继承遗产，他愤然，劈头教训了对方一番，然后动之以情、晓之以理，最后还主持了分家。

那是个叱诧风云的时代，在喧嚣的风烟里，在离乱的战火里，让中国挺直了脊梁的，正是那些志士斗士勇士的风骨。而杨荫杭只是其中之一，他们博识通才，他们铁骨冰心。

素月分辉，表里俱澄澈

绿芜墙绕青苔院，中庭日淡芭蕉卷。蝴蝶上阶飞，烘帘自在垂。杨绛的童年，是很有点风远霜暖、小院多欢的记忆的。

尽管她出生在中国风起云涌、革命一触即发的时刻，她的童年也因为父亲的职业变动而四处漂泊，但她儿时的生活，却因为父亲的沉稳、母亲的贤良，永远有懒散的悠闲，还有宁静的疏淡。

她已经是家中第四个女儿，父亲为她取名季康，大家都愿意叫她阿季。

在岁月稍长的排序中，她似乎谈不上是谁的掌上明珠，也并非是谁的唯一最爱。然而除了父母的那份无私给予，她还多了三个姐姐的用心呵护。爱细细密密地织将下来，慢慢塑就了她恬淡的心性。

她也还不是老幺，在她之后，又有几个弟弟妹妹，向这个温馨的小家来报到，一个个都是索爱的小生命，一点点用热闹的烦琐将这个家填满。

独生年代的人，在一两个人的安静空间，独享来自长辈毫无商量的关爱，很难想象有七八个兄弟姐妹一起生活的纷乱，自然也不懂一群孩童一起成长的快乐。

其实杨家的安然，也并非理所当然，那全靠一个温柔的母亲，扑东捉西地维护着小孩子们间的内乱。

杨绛的母亲唐须嫈，也是大家闺秀，少时在上海学务本女中读书，和杨绛的姑母杨荫榆是同学。

那是一个女性叛逆的时代，杨绛的几个姑母都在职场上叱诧风云，其中就有杨荫榆，而唐须嫈却安心在家相夫教子。

她也想做新女性，她也曾有所想有所成，只是她深爱着杨荫杭，一旦结婚，她就选择了另一个方向上的义无反顾。没有什么应该不应该，她只是倾向于自己的最爱。

其时家大业大，杨荫杭不但要担负妻子儿女的日常，还要照顾死去兄长的家小，以及两个妹妹的学业和生活。你的承担便是我的责任，唐须嫈是实实在在的贤内助，新派思想并没有毁掉传统的贤良淑德。

大儿子生病，小姑怕被传染，直着嗓子喊搬家。唐须嫈丝毫不怒，反而让所有的儿女穿戴整齐，一大家子人将小姑送到她的住所。

隆重若此，想的还是给小姑装门面。小姑性格暴烈，得罪了管园产的经纪人，如今单枪匹马住得这么偏远，唐须嫈怕那些眼皮子薄了的来找她的麻烦。她聚集了这么一大家子，衣冠赫奕地来，就是在告诫：这个女子，有靠山，且并不贫寒，惹不得。

杨荫杭一辈子挚爱这位妻子，无论是出国留学，还是出任高官，抑或是奔走于律所和译所，江湖上的事，他要和她分享，自己的成绩，他只和她炫耀，家里的油盐醋茶，他也尽量和她分担。

在职场遭遇巨大挫折、挂冠南归后，他一病不起。医生明确让家人准备后事，她怎么也不愿意接受这样的结局，四处找名医。最后，在多任医生宣告他病危后，她硬是把他从鬼门关里拉了回来。

死生契阔，与子成说。执子之手，与子偕老。我尚未老，你怎能就这样了结？

他尽职尽责地做她的丈夫，她也就尽善尽美地做他的妻子，仿佛一切都顺其自然。就连时光都逐渐变慢。

从杨绛的文字中，以及她的平生事迹中，我们感受不到一点点阴郁、沉闷或是嚣张、乖戾。母亲这份温柔婉约，承载了她一生的洒脱飘逸、悠然恬静。

童年如塞上轻风一样漫过来，她感受不到世界的风云际会，只有兄弟姐妹、父母亲人的家长里短。哭了，也只是因为小童之间的萌萌的相斗而苦，笑了，大多是骨肉至亲之间的自然而然的相知而欢。

最好的父母相爱，才给孩子以最美的童年。

喃喃教言语

父母就是梁上的双飞燕，为了子女，“觜爪虽欲敝，心力不知疲”，“喃喃教言语，一一刷毛衣”。

唐须嫈不是个喜欢唠叨的母亲，她最好的教育，就是以己之行，塑子之性。杨荫杭也不是一个多事的父亲，他最好的教育，就是将孩子扔进书堆里。

尽管四处奔波，日子近乎流浪，但是杨家永远有书，从严肃刻板的政治法律，到古典庄严的诗词古籍，间有充满童趣的故事丛书。

最喜欢阅读的，就是小季康。她常搬了小板凳，静静坐在父亲书房的一角，将自己融化进字里行间，任凭外面孩子们闹得龙虎喧天、风云突变。

母亲总是怕顽劣的孩子们打搅了父亲，但很少阻止小季康，即使安静的午睡时间，也允许她在父亲的榻侧。她轻轻地翻书，不发出一点声音，偶尔，会静静地为父亲盖上扯开的被角。她像父亲的小仆，却又是书的小奴。

母亲满意着她的安静，父亲则舒心于她的孝心。每次醒来，他总是摸着她的头，认真倾听她的阅读所得。

父亲问：如果三天没有书你会怎样？她说：不好过。父亲又问：一周呢？她说：一周都白过了。

父亲很高兴，然而他并不希望女儿太用功，他看到自己的女同学因过于用功而多病，担心女儿也会如此。他宁愿女儿蛮憨，也不愿意她病弱。

因此，他一生不曾催逼女儿学业，完全由着她的性子。杨绛直到高中还不会辨平仄声，他从没苛责，也不要求她刻苦，而是说："到时候自然而然就会了。"

他非常智慧，教育子女，不会拔苗助长，只希望水到渠成。等到她终于开了窍时，父亲偶尔路过她的窗前，会敲着窗子考较一番，对了，他微笑着离开，不对，他一样会笑着指正。

然而父亲并不精明，也不屑于购置家产，认为那是羁绊，"多事"，看到友人生活奢华，十分不以为然，常常对孩子说："生活水平不能太高。""我的子女没有遗产，我只教育他们能够自立。"

挂冠南归后，因为要办律师事务所，思虑再三，到底还是买下了一套明朝的旧房。他只是简单地进行了修整，把东倒西歪的一些小跨房拆拆补补后，院落的后期建设便成了孩子们的功课。

阴湿的院落里到处涌动着鼻涕虫、蜘蛛，父亲就悬赏孩子们抓虫，计数给酬劳，一个铜板值一个鼻涕虫、三个小蜘蛛。

孩子们兴奋异常，翻检着砖头，拨动着湿土，追蜘蛛，捉小虫，偶尔见到蟋蟀、油蛉或者蜈蚣，就是一场喧闹盛宴，把原本荒凉的庭院，玩成了儿童乐园。

母亲多少有些担心，特别是看到小小的人儿一个个或捧着玻璃瓶，或干脆单捏着小虫，神采飞扬地跑过来要酬劳时，总是忍不住悄声对父亲说："孩子们是不是被你教得唯利是图了？"

然而哪里有利，计数是不虚，酬劳却是待付，"狡黠"的母亲准备了账本，孩子们的财富只是账上观。

孩子们到底没心没肺，时日一多，早忘了还有旧账，反正他们的新需求，母亲总是能尽力满足，那旧账，有与没有，也就都不是问题了。

一家人定居苏州后，杨绛就读于苏州振华女校。那时候北伐正如火如荼，学校常常要紧跟形势，上街搞宣传。然而世道杂乱，就有一些流氓地痞，出来寻衅滋事，特别喜欢招惹女学生。

杨绛是静柔的女孩，最受不了这样的境遇。学校规定：如果家人不同意就不用上街。杨绛于是有了依靠，回家问父亲意见，父亲说："你不肯，就不去，不要借爸爸来挡。"他还说，要像林肯一样敢于说不。

他不曾要求她如何进步、怎样积极，他只是告诉她：你是你，你要自己承担你的名誉，你要自己为自己的行为负责，你要敢于表达自我。

在那样的年代，一个元气淋漓、光风霁月的父亲，一个温柔慈悲、宽厚和善的母亲，不知道为儿女们掩掉了多少烽烟动荡，为儿女们稀释了多少市侩俚俗。

父亲没有给她留下财产，母亲没有为她铺设人生，然而他们一起，用安稳用柔情为她塑造了幸福。

民国烟雨，才女要么乖张，要么自负，只有杨绛脾气柔顺，性格恬淡，文笔精美，生活安然，最重要的，她还嫁给了幸福。她并非没有坎坷，然而她总是能够面朝大海，春暖花开。

泰戈尔说："静静地坐着吧，我的心，不要扬起你的尘土。让世界自己寻路向你走来。"

人性因为清净而美，生活因为宁静而安。当心如虚空，世界的博大精彩才有机会展开。

二、浓芳正在春好处

最紧俏的时光，给最俏皮的人儿；最忙乱的岁月，终能成就最不辞忙碌的人。

韶光早占，小学多顽

童年如过隙，一去无踪迹。

不过好在即使进了学校，依然有可以挥洒顽皮的地方。即使静柔的女孩子们，也可以三五成群地跑去荡秋千。柔韧的双绳，飞扬的节奏，满眼的花影，倒也是一番好消受。

不过，享受的是大学生们，杨绛不过是一个被宠爱的小人儿。

那时候，三姑母杨荫榆是北京女高师的学监，性格还没有变得乖戾，刚从夫家出逃，东渡日本，学成归来，正欲大展拳脚，大学部的女学生们对她还很崇敬，爱屋及乌，便常带着杨绛玩。

她们带她荡秋千，将她推到很高，把小人儿吓得不轻，却又不肯放弃。她们带她去做戏演小花神，鲜花插满了头，金屑贴满了身，荣光闪耀，让她非常满足。

偶尔和姑母相遇，也还有一种姑母慈侄女孝的意味。杨荫榆带着贵宾参观饭堂，看到杨绛的碗边有饭粒，便悄声说了她一句，她连忙捡起吃掉。周围的同学见她如此，纷纷效仿。自觉营造出一种学生爱惜粮食的形象，姑母很是满意，在家里也忍不住要夸赞一番。

特权也许让她享受了一些实惠，然而再亲的人，也不会替她一力承担成长，不管是父亲，还是姑母，都着意雕塑孩子的性格品行。

后来走无数桃蹊，过千座杏坛，受多位老师的教诲，这些润物无声的教养，总是让杨绛能够自主地约束自己。

南归后，父母本来安排杨绛在居所附近读书，父亲大病刚刚脱险，总犹豫着希望她能得最好的教育。好学校在上海，三个姐姐都在上海启明读过书，那里资源好，学习气氛浓，还是双语教学。

母亲却有点舍不得，二姐是在启明读书期间病逝，她视启明若伤心地。不过母亲并不阻拦，大姐和三姐依然在校，阿季并不孤独，而且她明白，所有的养育最后只有放飞一条路，她让女儿自己做主。

那时杨绛也只有十岁，稚气未脱，不识忧愁，不肯就近读书，宁愿隔山远水地去上海。然而真到了走时，看着母亲为她准备好的小藤箱，竟不由自主地落下泪来。

成长多少带有炽烈的疯狂，带有一种谜一样的自信，但割裂母亲的怀抱，到底是痛的。

杨绛后来说，之前她总是号啕大哭，那是她头一次悄然落泪，还生怕母亲看见。这，就是成长吧，不期而来，带着一点稚嫩的成熟，带着一种挣扎和奋进，偶尔有点小委屈，又害怕别人发现这惆怅。

不久，小杨绛就尝到了离别的滋味，每到月头，本地生都欢天喜地地回家与父母团聚，而她，最多只能得学校饭堂姆姆（对修女的称呼）给的安慰糖。那糖初尝也还算甜，但越久越是酸涩，和她想家的心情一样，酸上嘴角，涩上眉梢。

好在不久，父亲也来上海工作，她小小的一颗心才终于安定下来。父亲特地带了姐妹几个去吃西餐。她全副心思对付刀叉，又被两个姐姐嘲笑喝汤喝到断续不成章，一顿饭百般滋味，然而到底还是觉得在父亲身边很是安然。

几番秋色沉浮，少年清梦如风露，转眼又蒸腾。

锦瑟年华故乡花开

凭高念远，就近团圆。父亲决定定居苏州，漂泊的一家终于安定了，杨绛也转到苏州振华女校读书。一开始是住校，后来又改为走读，年纪是一天大似一天，对父母的依恋却依然浓稠不减。

大姐三姐各有事业，她暂时成了家里的孩子王，上侍奉父母，下教育弟妹。父亲办公的时候，她喜欢为他沏上一大碗盖碗茶，或者将削皮的水果轻轻为父亲送上。晚上，又带领几个弟弟妹妹，将父亲蚊帐里的蚊子捉个干净，让父亲好眠。

云暖风轻，淡云阁雨，杨家的日子似乎永远是静美的，温和的，没有一点世俗的鄙陋和促狭的计较。

杨绛的学习一直很好，但很少有高分，大概因为父亲就他的同学评论过“高分低能”吧。她喜欢在功课上做足功夫，却很少在分数上纠结。

她偏爱文学，喜读章回体小说，父亲投其所好，经常买书回来，还特意放在案头显眼的地方，让她每次进书房都忍不住猜想，今天是否有新的阅读惊喜。

书读多了，就悄悄地自己学着写，一点得意失意的小心情，一种初成未熟的小想法，一个自我鼓励自我振奋的小段落。

一开始只是写给父亲看，后来，渐渐得了老师的青睐，文字还发表在校刊上，她就越发愿意放开笔来写，来标记自己的人生。

她不光学习优秀、文笔突出，还是校活动的活跃分子，经常穿梭于演讲社、文学会，后来到大学，连生猛狂放的校球队，都有她的身影。那样小小的一只，却不妨碍成龙腾做虎跃。

老师们都喜欢她，经常让她代表学生参加一些重要活动。

有个暑期，校教务长办了“平旦学社”，每周邀请名人讲学。在章太炎讲学那期，教务长要杨绛来做记录。章太炎名满天下，听大师一席话，胜读十年书，杨绛自然兴奋异常。

讲学当天，杨绛去得稍晚了些，章太炎已经开始滔滔不绝，她还在寻找座位。她做惯了学生，准备坐到台下一角，悄悄录下大师语录。

谁知办事人员喊她上台，众目睽睽，尤其是得章太炎的独家注视，杨绛一步一步登台，一点点蹭近那个记录员的专座，时间都仿佛干涸，每一次心跳都差点要震断她的脚步。

万目攒心的滋味本来不好受，谁知一坐下认真听，她更是如坐针毡、如负万重山，原来章太炎先生用的是杭州方言，话已经似懂非懂，他讲的偏又是学问深沉的典故。

她满脸惊愕，一心冰凉，下意识地用两只眼睛稳稳准准地瞪住老先生，希图用目光来解读那一片片难解难分的话语。

却哪里听得懂，依然是云里雾里，她完全不知道自己在哪里。本待拿起笔做鬼画符，又想到这终究要给人交代，只得作罢。

急也急了，悔也悔了，台却下不来。没奈何，索性更努力地使用双眼，盯住老先生。这一面是望眼欲穿，另一面于是频频看顾，台上的一老一小，眉眼官司打了千百回，杭州的方言，还是一成不变，苏州的耳朵，该听不懂的，照样听不懂。

最后，她交了白卷。谁知事情并没完结，第二天苏州日报就有新闻：章太炎讲学，女孩做记录，只字不题……

后来，章太炎讲学就格外显得声势浩大，每次上台，都有各路名弟子陪同，有人翻译方言，有人解释典故。不知道是否在杨绛这里吃了亏，权作弥补。

年少旧事如流水，如今说来都动听。然而时光到底老了，这追念难免有些繁重。不过好在，最浓情时刻，就要来了。

东山月，走向最高峰

正佳时候，试花桃树，拂面清风都呵护。六年的中学，杨绛仅用了五年就提前修完，被保送进了东吴大学。然而她的第一目标是清华的外文系，可惜那年清华不在南方招生。

东吴大学的女生宿舍是小洋楼，小巧精致，碧窗红墙，墙上青藤缭绕，很有一种闺阁深深的感觉，但也只是幽静而已，埋没不了她的活泼。她年纪小，个头还不高，却既是篮球队的健将，又是排球队的老手。最让她得意的是，在一次大型比赛中，她还打入了关键性一球，一时风头无两，成了球队的吉祥花。因为她梳一童花头，娃娃脸，稍有点婴儿肥，同学们赐她名号"杨囡囡"，对她极尽宠爱。

她还是文艺青年，能弹月琴，善吹箫，工昆曲，吹拉弹唱，无所不能，琴棋书画，样样精通，同学们评论她是"才思敏锐，悦目佳人"，老师的评论更有意思，"仙童好静"。

原来，大多数时候，她更喜欢安静地读书。东吴大学的图书馆也是幽阶静室，没有课，没有活动，她就一头扎进书堆里，从中国的古典文学到西方的先进思想，上下五千年，纵横东西方，一寸书，一寸光阴，一寸才思。

大学一年后，要分文理科。大多数学生选择理科，因为理科似乎更有未来。杨绛拿不定主意，问父亲意见。

父亲很重视，给的意见却很随性，他说，喜欢什么就学什么。杨绛不以为然，她喜欢小说，可小说岂不是最无用？父亲说：喜欢的就是性之所近，就是自己最相宜的。

东吴没有文学系，学文只能选法预科和政治系。研究了一辈子法律，为司法独立费尽心血、受尽摧折的父亲心疼女儿，不愿意她重蹈覆辙，杨绛于是读了政治系。

杨绛一辈子不喜政治，虽然她的成绩一如既往的优秀，入学第一年，就撰写了东吴大学1928年英文级史。但那时的学习，更多的是一种开阔眼界的博览。

她阅读了大量外国版的政法书和文学书，并试着翻译了很多英文的政治学论文。为了读懂更多的外文著作，她还自学法文，她的口语后来让清华教授梁宗岱都称赞不已。

顺木之天，以致其性。父亲说的对，与她最相宜的，正是她的所爱。她后来成了著名的作家、翻译家、外国文学研究家。方方面面的成就，都因最爱小说、最爱文学而来。

大三那年，振华女校的校长为杨绛申请到了美国威尔斯利女子大学的奖学金。考虑到还要支付昂贵的生活费用，父亲已然年迈，弟妹尚未成年，杨绛不欲增加家里的负重，婉辞了。

放弃一方，意味着在另一方的坚守。她再次把目光锁定清华学院文学系，准备考研。然而大四那年，学校因学潮停课。杨绛和几个要好的同学北上，继续学业，终于考取了燕京大学研究生。

临开学前夕，杨绛放弃了燕京大学的学籍，转而借读清华大学外国语言文学系。当时的燕京大学和清华大学实力相当、不分伯仲，细论起来，燕京大学的国外资源更高一筹，她并不晓得，自己何以对清华有如此的执念。

直到后来，她在清华见到了钱锺书，情定终生，才豁然，原来好姻缘天注定。妈妈也经常打趣她说："我们阿季的脚上拴着月老的红丝线呢，不然怎么就心心念念地只要进清华。"

时光如春水，进退多云山。花样的年华，绽放在最美的处所，该是人生的大幸。你看到的，这幸福来自天意，你不晓得，这得意却有多少奋斗的汗水，还有选择和放弃的悲欢。时光也许会催逼红颜，但岁月从来不慢待奋进。

三、脉脉此情忠一人

从我通向你的路，只有蓝天和白云，我不曾怀疑，前世你我为对方修炼了飞行的翅膀。

情不知所起，一往而深

风细细，雨来回，芳菲尽兴，蝶舞纷飞。早在东吴大学时，杨绛就有很多追求者，到清华大学后，倾慕者更多。

桃红杏小，稚嫩的她似乎不占优势，但灵动多才，烂漫向学，又使她格外引人注目。

为了博得她的芳心，那些追求者也是费尽心机，有的学琴，有的练球，有的送书，有的赋诗。就有那出格的，以酒壮胆，面送情书，杨绛则十分干脆，说：你醉了，我不接受。

著名经济学家费孝通，从中学开始就与她同学，到大学又是同窗，他对她情有独钟，念念不忘。只可惜好风似水温柔过，明月如霜玉面寒。费孝通心不甘情不愿，索性挡在那些追求者面前说：“我与她早就相熟，你们要追求她，需要通过我这一关。”

然而不用挡，杨绛根本就无心思，通向杨绛的情感路，如今还是死路一条。千军万马激情而往，却连独木桥也见不到一片，就折戟而归。有人打趣她，说她是“七十二煞”，挡了风情，煞了相思。

她是活得十分干脆通透的人，不爱，就连感情也远，如此绝情，只为了给爱，留下一方净土，一生一世，只一双人。

终于，那个人姗姗而来。

那是一个早春，正是柳黄风轻、莺歌燕回的最佳时节，那又是黄昏，晚霞尚多彩，落日有余晖，在清华大学古月堂门口，杨绛和钱锺书有了人生初见。

钱锺书此时已名满清华，而杨绛刚刚参加完燕大的考试。她只觉他眉宇间“蔚然而深秀”，他只见她“颉眼容光忆见初，蔷薇新瓣浸醍醐”。

只是目光短暂的接触，两人已感觉相识百年，及至后来相约再见，深谈细聊，越发觉得彼此心意相通。

他颇有些喃喃地说：我没有订婚……说完才感觉如此突兀。

她马上回答：我也没有男朋友……她竟然笑语盈盈。

他的眼睛，燃了，她的心，化了。佛说，五百年修得擦肩过，一千年修得一回眸。而他们，为了这次冥冥中的相见，不知道超度了多少因果。

情不知所起，一往而深。从此一个情书甜蜜，一个爱语缠绵。一个经行山水，一个形影相随。两人同听一朝雷雨，共看一轮风月，说不尽的相知，谈不完的情意。

两人颇为低调，只是一个才子，一个神女，朝夕相近，日月同行，终于惊动了费孝通。他找到钱锺书，再做“守关人”，挡情阻意。杨绛知道后，对他说："你我是朋友，这是结果，而不是过渡。"

费孝通颇为黯然，原来情动才是缘。他轻轻地祝福，默默地退出，为这份情意画上了一个不圆满的句号。

她终生是他的美好，直到晚年，他还撰文说，她是他的初恋。那时候，钱锺书已经过世，费孝通的心意，似乎又要打开，可惜杨绛一如既往，没有半点暧昧，一心只付与钱锺书。费孝通敬她重她，却再也不敢爱她。

杨绛有着一副玻璃心肝，她喜欢清澈长远，深知平波才能照月，静水才能流深。

即使身在甜蜜的爱情中，她也并未昏头胀脑，失了重心。她当然喜欢脉脉含情的相知时刻，但她更愿意维持迤逦烟火中的相濡以沫。

因为年纪太小，两人尚未毕业，她还拒绝了钱锺书的一次求婚，惹得钱锺书失魂落魄，以为失了她的芳心。几经辗转，终于明白她的心意，越发得割舍不下，情书更是缠绵。

杨绛回信较少，而且情长话短，说的更多的是理智。她在给钱锺书的信中这样说："现在吾两人快乐无用，须两家父亲兄弟皆大欢喜，吾两人之快乐乃彻始终不受障碍。"

偏巧这封信被钱锺书的父亲看到，他大为赞赏："真是聪明人语。"

民国的知识女性，对爱情和婚姻极为叛逆，甚至不乏矫枉过正者，随意爱，任性婚，然后忍受悲欢离合。

像杨绛这样，似乎毫无新意，完全是传统的思维，却恰恰反映了她对生活的理解：不是所有的重建，必须要经历推翻，当一个人生而完整，他就不必从别处找全。

门当户对，珠联璧合

暖日明霞光灿灿，料春风得意，相思都是好滋味。

杨绛从不承认自己和钱锺书是一见钟情，钱锺书也不认为他对杨绛是一见倾心。对爱情，他们也喜欢唯美，然两人都是智者，更愿意相信知音。有了时间的过渡，他们更确定是情投意合；以沟通为前提，他们才认准未来能相濡以沫。

按照传统的说法，两人是门当户对。杨绛祖籍江苏无锡，钱锺书故里也是江苏无锡。杨绛的父亲杨荫杭是著名的民国志士、一代法律大家，钱锺书的父亲钱基博也是著名的国学大师、圣约翰大学和光华大学的教授。

他们常驻一方，各有名望，虽不曾来往，却早已互相慕名。而杨绛的那封情书，更是早早就在钱家老太爷那里一信定乾坤。老太爷也是性情中人，他心中欢悦，也不待和钱锺书沟通，自写了一封信给杨绛，为儿子托付终身。

其实钱锺书早就借机会见了杨荫杭，他太爱杨绛，一心只想将她娶到身边，惴惴着，也颇费心思地“矫饰”着，到底获得了杨父

“人是高明的”一句赞语，于是，当得知父亲也非常满意杨绛后，立刻带了父亲上门来求亲。

爱情得见家长，两个青年各怀忐忑，媳惧公婆，婿惮丈人。不过好在两家长辈各自心满意足，于是按照传统的礼节，秉承“父母之命”，完成“媒妁”之言，再下聘礼，摆宴席，热热闹闹，颇为传统但充满喜庆地完成了订婚仪式。

你可说这是中规中矩，也可说这是一步一留痕。不管是爱情还是人生，两人都是正正堂堂，细品慢行所以稳终生。

两个青年被各家长辈牵拉着，一点点走完烦琐的过程，蒙头转向。直到仪式结束，再回头看爱人，豁然明白，那个爱人，他，是未婚夫了，她，是未婚妻了，那感情，又是另一番甜蜜。

其实，门当户对太容易，珠联璧合才难得。真正成全这段爱情的，不是门户的平衡，而是两个个体的和谐。

钱锺书的文章神采飞扬，臧否人物更是让人拍案叫绝，清华大学的几位著名教授都十分爱重这位学生。他的老师，国学大师吴宓更是夸赞他“才情学识兼具，新旧中西竟通”。

他不但研究西方文化，而且喜欢写古体诗，他的《壬申年秋杪杂诗》曾发表在期刊《国风》：

缠绵悱恻好文章，粉恋香凄足断肠；

答报情痴无别物，辛酸一把泪千行。

依穰小妹剧关心，髾辮多情一往深；

别后经时无只字，居然惜墨抵兼金。

良宵苦被睡相谩，猎猎风声测测寒；

如此星辰如此月，与谁指点与谁看。

困人节气奈何天，泥煞衾函梦不圆；

苦雨泼寒宵似水，百虫声里怯孤眠。

杨绛同样才思敏捷，文章锦绣，深得朱自清教授的青睐。她师从朱自清“散文习作课”，只是选修，但很快就发表了处女作《收脚印》：

“守着一颗颗星，先后睁开倦眼。看一弯淡月，浸透黄昏，流散着水银的光。听着草里虫声，凄凉地叫破了夜的岑寂。人静了，远近的窗里，闪着一星星灯火——于是，乘着晚风，悠悠荡荡在横的、直的、曲折的道路上，徘徊着，徘徊着，从错杂的脚印中，辨认着自己的遗迹。”

那样轻柔细小的文字，那样气息清新的自然，完全得自朱自清的真传，也奠定了杨绛一生的笔调，她的笔触细腻含蓄，温暖淡然。

她也尝试写小说，第一篇小说《璐璐，不用愁!》也由朱自清推荐发表在《大公报·文艺副刊》。

没有钱锺书时，她有坚定的人生方向，有了钱锺书，他就是她生活的核心。她不会为爱情而卑微自己，也不会为凸显自己而慢待了爱情。

围城若唯美，谁愿突围

人间最美，不过春风来度；生活最艳，艳如洞房花烛。

那时，中英两国政府换文协定，英方归还中方的庚子赔款，款项除了兴办铁路和生产建设外，还用于定期举办留英公费生考试等文化教育项目。

在第三期考试中，钱锺书考中英国文学专业。他又兴奋又不舍，兴奋的是，可以漂洋过海走向大千世界去深造，不舍的，当然还是给他暖风十里的未婚妻。他写信再次求婚，请杨绛陪同自己出国。

临近暑假，但杨绛还有一年才能毕业，不过大考还有一科，她和老师商定了以论文代替最后一门大考，然后收拾行囊，提前一月离开母校。动作快得让她来不及细想：这意味着研究生肄业，几年的努力可能将付诸东流。

她那样憧憬的清华大学，她那样渴望的外语专业毕业证，全都不如爱人的一句“需要”更重要。清华，你之所以可爱，是因为你送来了一个更加可爱的人。

杨绛做的决定太仓促，来不及通知父母。然而父女连心，女儿尚在路上，父亲午睡时忽然听到了她回来的声音，左寻右找不见，正自惆怅。忽然女儿憨笑着进门，父亲也拍着手大笑：“可不是回来了？”

父亲并没有对杨绛自毁学业表达不满，母亲反而希望女儿立刻成婚。钱杨两家商议后决定，立刻为他们完婚。

婚礼不可谓不盛大，两家各办酒席，一方中式，锣鼓喧天，一方西式，礼服汗浸。多年后，杨绛在文中幽默地回忆道：

“(《围城》里) 结婚穿黑色礼服、白硬领圈给汗水浸得又黄又软的那位新郎，不是别人，正是锺书自己。因为我们结婚的黄道吉日是一年里最热的日子。我们的结婚照上，新人、伴娘、提花篮的女孩子、提纱的男孩子，一个个都像刚被警察拿获的扒手。”

一道道程式一道道菜，一串串祝福一杯杯酒。从婆家到娘家，漫天铺地地行来，身体疲累着，笑脸疲惫着，话语疲惫着，可心是美的，牵着的手，是可靠的。这算是阶段性地完成吧，如此圆满，疲惫又算得了什么。

不过，现实终究是现实。钱基博颇有些老派作风，重男轻女不说，传统礼节也多，新媳妇进门需要行跪拜礼、端茶倒水敬奉公婆。

杨荫杭是新式思想，男女并重，婚姻自主，思想自由，哪里受得了让明珠一样的女儿吃这种苦头，对他，这简直就是屈辱。

杨绛倒不觉得怎样为难，两个姐姐虽然也是新式女性，却都孝顺温婉，敬重公婆，维护丈夫，她那么爱钱锺书，也不觉得这是苦，反而把这当成了替他尽的孝道，背着父亲，尽心尽意地完成着孝顺媳妇的角色。

钱锺书后来创作了《围城》，里面有一句经典语录：结婚是一座围城，城外的人想进去，城里的人想出来。

然而那到底是俗世里的爱情，当荷尔蒙不再雀跃，当情感不再新鲜，久看熬成相厌。

他和她，是没有的，恋爱的时候，他们也是世间儿女，风露都有情，结婚后，时光的拉长并没有将感情磨短，她用温婉修整了一切不如意，用淡约保护了爱情始终新鲜，他们不用卿卿我我，就情满朝朝暮暮。

他再也想不到，婚姻意味着上天将自己的残缺填满，她就是他生来少掉的那根肋骨。并非她依附于他，相反，倒是她，撑起了他的傲骨，那样狂放不羁的一个人，自此以后心里永远留下一个让他安心让他牵挂的人儿。

著名的文学家胡河清曾赞叹："钱锺书、杨绛伉俪，可说是当代文学中的一双名剑。钱锺书如英气流动之雄剑，常常出匣自鸣，语惊天下；杨绛则如青光含藏之雌剑，大智若愚，不显刀刃。"

围城里如果唯美，谁还愿意突出重围？尼采说："任何顶尖的艺术都是雌雄共体的。"这样说，他们的婚姻，就是最顶尖的艺术。

四、青灯黄卷常相伴

我本满怀泥土，遇见你，却有了瓷的模样。
你升华了我，却让我爱尽最原始的初生。

饱蠹楼破万卷书

一个人的背井离乡，难免有离宫吊月之苦，两个人的他乡翱翔，却多了一份山水相依、天涯共此的欣慰。

庚子赔款留学生入的是牛津大学。牛津，位于伦敦西北泰晤士河谷地，是有志的游子们梦开始的地方，自有一种春华秋实的律动和大展宏图的勃发。

钱锺书顺理成章地入埃克塞特学院攻读文学学士学位。杨绛志在文学，本想选不住宿的女子学院，怎奈名额已满，她又不想修历史，更不想到别处修学，增加家里的负担，于是成了散修生，旁听文学课，自修西方文学。

这对她并不难，一来有才华横溢的大才子随伴左右，指点迷津，二来她有很深的文学和英语功底，又喜欢钻研。只是偶尔看到留学生们着统一的服装，在校园里成群而过，她忽然就有一种失学儿童的感觉。

界限，就是你在其中时并不觉得如何，一旦你没有入围，你就会非常深刻地感受到其中的差异。一向是优秀生的杨绛，多多少少有些失落。

能弥补这种失落的，唯有加倍努力读书。文字是不会设限的，书本也没有门槛，你越是能亲密地与之接触，它们就越是能给你最丰润的回报。

两个都是爱书之人。

钱锺书周岁抓周时抓到的就是一本书，为此得名“锺书”；在清华大学读书时，更是横扫图书馆；他在北京上学期间所有时间都用来读书，竟然只游过香山和颐和园，还是学校组织的集体游览。

杨绛也爱读书，她曾把读书比作隐身地串门儿，书籍是作者十几年甚至几十年的人生、知识的沉淀，每个文字都有着千钧的分量，当你想要认识一个大家，拜谒有名的学者，你不用苦寻门路去求见，也不用怕无知搅扰主人，你只要轻轻翻开书，就闯进大门，你可以不拘时间而去，也可以因不满意不辞而归，还可以因为有异议，单枪匹马或者带上助手，与之对阵。

图书馆自然成了两人的最爱。牛津大学图书馆名叫 Bodleian Library，钱锺书更喜欢用谐音将其译为“饱蠹楼”，书虫尽享书香美味的安乐所，坐拥书城，世界不足道也。

不知是谁突发奇想，两人展开读书竞赛，比谁读得更多。每到结算的日子，两个人一本书一本书比较来，往往是以计数开始，最后却总是以评书结束。数字上的胜利实在毫无意义，倒是从简单的文字里读出字里行间的深意，才更有可以交流的魅力。

牛津大学一年分三个学期，每学期八周，假期六周，放假时间多过上课时间。每到假期，留学生们便呼朋唤友，踏春游秋。杨绛和钱锺书，却常常坚守图书馆，在静谧而丰富的文字里，寻找世外桃源。

春花秋月文章事，甜言蜜语美文风。在牛津，他们很少参与花天酒地的风流世界，更喜欢安静沉迷的书生生活，自有一种乡村古庙夜已老，书生深读惊云天的韵味。在书香里打滚，人总是更恣意，一字入深情，心与情更远。

读雨听风，烹茶泼墨

人静静，月依依，花满香醉，携手爱人，小窗闲对幽幽草地。这是最美的爱情了吧，人间圣境不过闲无事，最美人生就是心最安。

未遇到杨绛之前，钱锺书以书为安，书生的生活，简单到一日三餐、日读夜宿，只有结了婚，他才知道生活还有日照窗纱，炉香灶暖，也还有听琴画楼，看蝶飞阶。

初到伦敦，他们租住的人家提供饮食，还负责打扫。不用油烟垢面，也没有日常繁杂，很是逍遥。读雨听风，满当当的都是随顺自然，饭后书前，两人也喜欢放任脚步，走走看看。

一条不熟悉的路，一个鲜花灿烂的小园，一条静谧幽深的陋巷，都让他们感到新奇。他们称这种散步为“探险”，或许遇见的是惊奇，或许遭遇的是诡异，但更多的，只是新鲜。

这到底是万里之外，这里的人延续的是另一种历史，旧来流水都不同，新人杂事都别致。尤其是在书中得来的典故，在现实生活中迎面撞见，既有一种别来无恙的温暖，又似乎是果然如此的尘埃落定。

小镇生活很慢，大学更有喝下午茶的习惯，三五知己，聚会一处，或者是慕名初识，煮茶品茗，才高气傲的免不了高谈阔论，低调淡然的只是茶后闲聊，偶尔，才情碰撞出炽烈的火花，大多时候，更是一茶看尽天下大小事。

其实中国自古文人最喜品茶会友，红焙浅瓯，香叶嫩芽，日高月起，茶醉流霞。杨绛很快就学会了烹茶的技术，虽然难得遇知音，夫妻对坐，洗尽古今，猎奇世界，倒也颇有滋味。

闲来，杨绛还练书法，她自小得父亲的真传，行书奔放锐利，又飘逸如云腾，小楷轻质柔美，又婉转似柳扶风。

钱锺书更爱写字，上清华的时候，他就能边听课边练习书法。不过看了妻子的笔法造诣，这个一向自负的人，竟重重地嫌弃起自己来，忍不住将妻子的书法看了又看，学了又学，到底嫌自己笔墨不足，甘拜下风。

一次，杨绛练习书法后，未及收拾笔墨，躺下小睡。恰被钱锺书撞见，他悄悄地走过去，细听呼吸均匀，慢提笔墨，轻描淡写，竟在她的脸上挥毫泼墨起来。完成后看着自己的大作忍不住笑得前仰后合，却又不大敢出声，憋得好辛苦。

到底还是把杨绛惊醒了，他放肆地大笑，她又恼又气，追着欲打，却终于又被他那毫无章法的笑惹得也笑起来，一顿足，不再理他，自己打水洗脸。

谁知笔墨渗透了，竟好久洗不掉。面皮搓得通红，倒惹得他十分不忍，低头俯首地请她在自己的脸上作乱，并发誓再也不胡闹了。

日子悠闲，但生活到底简单，杨绛喜欢音乐，在牛津无以满足，便请父亲为自己寄来元曲，自己唱来过瘾。

钱锺书也跟着学，学着学着，便有了自己的腔调，加了自己的注解，故事横生枝节，虽是插科打诨，但曲折却更有味道，两人笑着，闹着，不知不觉便上了舞台，生旦净末丑地演绎起来。

牛津写满了游子走向世界的繁华梦，两人竟然在这里偷闲过起了古代文人的闲雅生活，烹茶泼墨赋诗篇，读雨听风问自然。

红袖添香，芳意销魂。钱锺书和杨绛喜于文字，醉于生活，如陌上初熏，缓步香茵，变得畅意而多情起来。

拨火吹烟为口忙

花红不识烟火色，不爱厨房爱争春。

民国时期受了新派思想的才女，尤其是自小有奶妈、有厨娘的大家闺秀，很少有喜欢厨房的，那是最耗费青春的地方，常常被看作没有价值的牺牲。然而杨绛却与众不同。

初时，老金家的饭食还算可口，时间一久，便有些应付，菜品不多，味道也差。

钱锺书本以为自己是个粗糙的书生，谁知却有一个精于品味的胃，吃惯了中国味道，难以亲近英伦的饮食，他后来在诗中如此写道："嗜膻喜淡颉羹浑，夷味何能辨素荤。"对异国饮食还有些恨恨。

看到丈夫日渐消瘦，杨绛颇为不忍，便四方寻觅带厨房炉灶的居处。她也是书生，从未下厨，少近烟火，但在母亲身边耳濡目染，总还有点中式菜品的记忆。

她一个人四处寻去，人生地不熟，遇上郊外的巷深人冷，总有点畏惧，不过想着丈夫的憔悴，想着未来自己亲手做的美味，壮了胆，填了意气，竟终于寻得一幽美的去处。

房子小巧，外有花园草坪，户对修道院，幽静典雅，内有厨房浴室，起居分明，阳台亮阔，楼梯独立于整栋楼外，最合适的，莫过于与学校近在咫尺，散着步就可以上了学。

杨绛满意极了，第二天便带了丈夫来，钱锺书也很中意，于是定下租约，圣诞节后搬家。

搬入新家，又是一通忙乱，收拾物品还在其次，首要的当然是学会使用电灶和电炉。累到筋疲力尽，喝到自己煮的一壶茶，吃到自己做的一顿简便的饭，竟是十分开怀。

从此后，夫依然是潜心向学，妻便要更多地负担饮食起居了。想起父亲并不愿女儿沦为柴米油盐的奴隶，幻想丈夫因自己在柴米油盐里构筑的精品生活而日渐丰润，杨绛竟然有些发痴，再矛盾的观念，在一颗沉迷的心里都能融成单一，为了丈夫百好千好，自己累成背景也甘愿。

好在钱锺书都懂，她同样是才华出众，她同样理想丰满，他自是不愿一人独享，唯让她一人付出。

第二天一早，她还没有醒来，他悄悄地起床，轻轻地下厨，忙乱地给面包涂黄油、抹果酱、滴上蜂蜜，凌乱地在电中火中辨了功能识了作用，然后热了牛奶、烤了面包，还小心翼翼地煮了两杯浓香的红茶，静静地等妻子醒来。

一睁开眼睛，就闻到浓香，一清醒过来，就看到丈夫端着早餐坐在床边，杨绛完全错愕了，品了半晌，终于回味出喜悦来，喜到鼻子发酸，悦到甜蜜满怀。

她太清楚，他生活能力一塌糊涂，能烧开水，不知道要怎样感谢上天，他竟然一口气做了这样一顿丰盛的早餐，还能完好无损地坐在她的面前，不过到底留了痕迹，脸上手上多是些残蜜酱渣。

她咽下催泪的感动，在心里把好好地做他的妻的誓愿重温了一遍。一次温香柔软的倾注，足够一生回味无穷。他一次竭尽全力的付出，让她耗尽一生为他奉献自我。

有了厨房，他雀跃着想要吃红烧肉。可买来肉，却发现没有刀具，调料不全，甚至无人与之询问烹饪技巧。他们用剪子大块裁肉，用开水反复煮食，加伦敦的苦咸调料。

折腾了一个下午，当肉终于红烧而成时，也就是颜色还好，肉品却十分坚硬，味道更是不堪入口，惹得牙齿舌头都打颤闭关。

靠着回忆母亲的做法，杨绛发现问题是火候不对，小火温炖才好。找到了一点窍门，再煮肉做汤红烧清炖，虽同样材料简陋，却中国味十足。

多情未免有时劳。对不操劳的人来说，家，就是宁静和温柔，而对于包揽上下的人来说，家，就是细量深算，就是负担与牺牲，就是最现实的柴米油盐。

一样是学校深造，一样是图书馆阅尽古今，可回家的路上，钱锺书是回味书香，而杨绛则要想着怎样筹备“进口”事项。

她很快找到了品种最全的菜店，价格最廉的杂货间，还找到了定期入户送的牛奶和面包。她心满意足地奔波于菜品和粮油，心甘情愿地受烟火熏染和水汽的蒸腾。

一开始，也还有一种为大事者的新鲜，时间久了，却只剩下琐碎、疲惫，还有时间的浪费。

她常说，人不识烟火该多好，不吃饭能省下很多时间。他却常被惊住，忙不迭地说，他不是仙人，他要吃饭，他要吃她做的饭。他的胃被养得舒顺温暖，再也不想回到清汤寡水的从前。

事后想想，他豁然领悟，觉得对妻子太不公平，她何尝不想甩手清净，她有资格不食人间烟火。为此，他题诗相赠：

卷袖围裙为口忙，
朝朝洗手作羹汤。
忧卿烟火熏颜色，
欲觅仙人辟谷方。

再有厨火，他也去下手帮忙，只是他到底拙手笨脚，常被嫌弃地撵出厨房。听着背后的刀铲顿响，心里颇不忍，却又十分满足。

多年以后回国，即使她已经因剧作而名声大噪，她依然还是愿意在他身边做他的小妇人，甘心等待他一鸣惊人。

有记者不明所以，问她为什么，她说："因为爱，出于对丈夫的爱。我爱丈夫，胜过自己。我了解钱锺书的价值，我愿为他研究著述志业的成功，为充分发挥他的潜力、创造力而牺牲自己。这种爱不是盲目的，是理解，理解愈深，感情愈好。相互理解，才有自觉的相互支持。"

世上最让人敬佩的女子，就是既下得了厨房，又上得了厅堂。杨绛从来没用新派女性来标榜自己，也不会以文艺范儿的姿态来美化自己，她只是淡然地做她认为该做的事，心甘情愿为爱而牺牲自己，一不小心，她就成了最贤的妻，又成了最才的女。

拙手笨脚，淘气顽痴

丹墀之才，起笔纵横捭阖；生活低能，抬手破碎支离。钱锺书才高八斗，却是个生活低能儿。

他很小就被父母冠以"拙手拙脚"的"美誉"，拿了筷子摔了碗，右脚侵入左鞋里，走路避不开硕大的桌椅，细长的手指做不了巧妙的活儿。成人后，虽然臂熟手老稳当了许多，但依然还是会在小事上闹出大事故。

刚到牛津不久，一日，钱锺书自己外出，下公车时稍慢一步，未及站稳就被启动的公车带了个嘴啃泥。

这一跤摔得太狠，不但血流满口，门牙也断了一半。牛津啊，你这样需要我拜倒在你的脚下？他有些茫然，完全不知道该怎么办，只好用手帕捂着嘴落荒而逃，一逃逃回了家。

看见丈夫如此模样，杨绛又疼又急，同住的房客有医生，给他们指了附近的牙医，杨绛连忙扶着丈夫去医牙。

改牙换齿后，又是一口的完美无缺。不过从此他们俩却有了打趣的典故，牛津如此多娇，惹才子亲吻土地大折腰。他说自己拙手拙脚，她说他不过多情。

生活也许需要人们面面俱到、费尽心机，但不妨碍雅致的人将日子过成错落有致、滋味天成。

不过杨绛到底多了心眼儿，照顾得更细致也更周到。换灯泡，他做不好，她便自己偷着换；修理家具，他不能，她便自己想办法；屋子里过于突出的摆件，不是收敛了“枝丫”，就是磨平了爪牙。

钥匙被反锁在屋子里，她愣是一个人从高高的天窗游鱼般钻了进去；遭遇煤气中毒，是她第一个反应过来，扑过去把窗子打开，又拖着昏睡的他到院外……

她成了他的手脚，细腻地弥补着他的缺憾，以至于他一度以为自己竟然变成了灵巧敏捷的丈夫；她成了他的神经，深入地全副武装地视察着他周围的凶险和挫折，以至于他天真地发现自己是机敏灵活的高手。

直到杨绛怀孕了，生产时，她不得不住到了医院里。他一个人赤手空拳地面对着一屋子的物件家电，竟感觉十分逼仄，那些熟悉而亲切的工具，竟全都变了脸，似乎联合起来，一起来整治他。

每当到产院探望妻子，钱锺书说完几句体贴的话，就忍不住苦着脸说："我做坏事了。"细听下来，不是打翻了墨水瓶，把房东家的桌布染了，就是水壶烧焦了，差点着火……

听得杨绛心惊肉跳，却又不敢多说，只是轻声细语地安慰他："不要紧，我会处理。"

他安了心，越发在家里待不住，索性书也不读了，事也不做了，一天四五次往医院里跑，跑得一双鞋尘土渐老，跑得一双脚骨肉生疼，一颗心却是安安稳稳、悠然自得。

多年以后，回到国内，有了稳定的生活，钱锺书依然如此，他不善应酬，又恣意心性。为了免除啰嗦，她甚至免除了他接电话的责任，只有在需要写信回访的时候，才会让他发挥特长。

他像个痴顽的小童，赖在她身边，一辈子不愿意长大；她像个贴心的小"女奴"，只为了陪他成长，只为了维护他的痴顽，她能一夜变得超乎想象的顽强、超乎意料的坚韧、超乎能力的神机。

他不但手脚拙笨，为人也颇顽痴。

在牛津读书时，很多留学生都喜欢参加一些有人脉意义或好玩有意思的活动，他不喜喧闹，也不愿意多加应酬，索性连活动也很少参加，几乎带着杨绛过成了隐居的生活。

一向活泼爱玩的杨绛竟然也不觉得郁闷，反正有好书读，有好人在，不是灯红酒绿、人影婆娑才是世界真味。

即使后来成了著名的教授、功成名就，他依然还是一副不懂世故的顽痴少年模样。有官场上的权威来给他拜年，他只开了一条门缝说道："谢谢！谢谢！我很忙！我很忙！谢谢！谢谢！"礼也不收，人也不让，一门深锁，潜心为书。

这样的事不知凡几，江青派人请他去参加宴会，他还是说："我不去，哈！我很忙，我不去，哈！"来人报出江青的名号，他依然不改措辞："哈！我不去，我很忙，我不去，哈！"来人只好委婉地问道："那我可不可以说你身体不好，起不来？"他立刻反驳道："不！不！不！我身体很好，你看，身体很好！哈！我很忙，我不去，哈！"

完全是冥顽，一点都不灵。你若说他活成了出世的状态，似乎也不全面，为了自家的爱猫，他能像个骑士一样披挂入世。

夜半读书时，偶尔听见小猫惨叫，回来时发现身上还有伤痕。几经观察，发现作祟者是隔壁的猫。

为了给自家的小猫出气，钱锺书就找了根竹竿放在门后，一听见猫叫，拎着竹竿就冲杀出去，像极了斗士，他家的小猫顿感士气高涨，更加奋勇地冲杀。

杨绛看到后，连忙主持正义，猫和猫之间的战斗，人若参加，就难免伤了和气。她还说："打狗要看主人面，那么，打猫要看主妇面了！"原来敌对的猫正是对门林徽因的宝贝。

钱锺书不以为然："理论总是不实践的人制定的。"

又淘气又小气，可到底还是书生意气，总以为世界属于公平，那一腔单纯的向往，不过是维持平衡。可世界自有它不公平的道理，世俗从来都是用艳丽装出一种不能靠近的烟火气。

不过，有什么关系，反正他有她，哪怕是因为不通世故闯祸，哪怕因为“小气”而得罪人，总还有她来为他弥补。她是他的人生泥瓦匠，一面按照他堂皇的规模建筑，一面又为了那宏大扩展到无当的状态而修身。

她曾经说过：“我一生最大的功劳，是保住了他的淘气和那一团痴气。”

如果不是她，不是她的贤惠温婉，他未必不能长大，可惜他到底要失去那份天真；如果不是他，不是他一直天真痴顽，她也就不能发现自己面对生活、面对世界可舒可卷、可潜可显的万能。

她成就了他的功名，他成就了她的伟大。还有什么比这更像夫妻?

钱家有女修福来

动人幽意时已久，过眼年华几番春。好不容易，两人做出了旅行的决定，不再辜负留学这几年近水楼台的便利。于是，辞书馆，远灶台，出牛津，游欧洲，看西方世界。

静人刚行动，竟有妙事来。两人还在路上，就收到了到瑞士日内瓦参加世界青年大会的邀请。这邀请，不但钱锺书有，连杨绛，也单独获得了一份。

不再只是家属随行，而是代表开会，她习惯于做背后的付出，这身份对她并没有多吸引人，但到底能有小小的得意浸润，连花都朵朵尽美，所见之人更是个个有魅力。

不过，两人到底不善出头，钱锺书洋洋洒洒地写的一篇稿子，却让别人上台念给众人听。会是开给喜欢排场的人的，他们俩，更喜欢做悠然南山的老客。

溜掉会议，四处悠游，本来是迤逦山水，看尽斜阳，兴尽晚回房。可是几次之后，杨绛却总感觉脚跟发软、困眼难睁，检查后才发现，她怀孕了。

钱锺书乐得拍手狂舞，大声喊：“我不要儿子，我要个女孩，和你一样的女孩。”她给他太多的美好，他只愿这美好更上一层。

回归的路，她越加困倦，然而她的慵懒，她的恹恹，却惹得参加会议的几个外国同行者格外怜惜，她们把她当成一个可爱的东方美娃娃，一路走，一路优加照顾。

回到牛津，钱锺书一下子变得勤快起来，不会做精细的饭菜，总还有简单又有营养的烧制方法，不会做细致的家务，总还能照顾日常的衣食住行。又爱操心又爱操劳的杨绛，倒安心地养起胎来。

临近生产，钱锺书早早为杨绛订了附近的产院，医生问他是否要女医生，他回答：我要最好的医生。

生产的当天，并不顺利，这个父盼母思的小家伙，愣是迟迟不肯出现，痛得杨绛浑身抽搐，却不做一声。最后医生不得不打了麻药做了手术。

生产的人痛在身体，等待的人痛在心里。这一天，钱锺书就像热锅的蚂蚁，又吞了乱麻，早失了主意，乱了方寸，好不容易等来了女儿出生的消息，却连喜都不敢喜，先问妻子的境况，好歹知道母女平安，这才长舒一口气。

然而母女一时都不能见，他只好跌撞着回家。然而到了家，坐也不是，躺也不能，在房间里辗转了多时，又跑去医院。如此三番，直到日暮，他才见了疲惫的妻，还有初生的女。他喃喃地抚慰妻子，又好奇地端详女儿。

初生的小家伙，肉团一皱，眉眼不分，然而他怎么看怎么觉得好，还悄悄跟妻子分享："这是我的女儿，我喜欢。"

两个人的世界，变成了三口之家。接下来的日子，琐碎是更多了，然而更添了一分热闹。

每当读书归来，他闹给妻的那些冷幽默，归齐了变了法儿地都给了女儿，在她的小脚丫上吹气，在她的肚皮上搔痒，闹了好久才明白，初生的婴儿更喜欢酣睡。

不过玉尘光染，岁月争渡，很快小丫头就能说会走了。那时候，夫妻俩已经转读巴黎。巴黎的留学生更多，他们的生活变得更热闹起来。

而小丫头也有了自己的生活。她成了法国人喜欢的中国瓷娃娃，成了中国人喜欢的学生群里别致的小生物，并不顽劣，极为娇憨。

看见父母看书，她也过来抢，抢到手后，也像模像样地一字字看，一声声读，看到的是蝌蚪字，读出来的是咿呀声，她却也颇为得意，以为自己做了了不起的事情，忍不住要振臂高呼一声，惹得父母大笑。

读完了，又抢父亲的笔，捏在手里，有力无用地画出一长条虚实间断的线来，沿着线瞧啊瞧，又看看父亲的笔记，更是心满意足。抛下笔，在屋里曼舞。

小丫头已有了名号，祖父为其取名健汝，又因为生肖属牛，生于英国，祖父又得卦，“牛丽于英”，于是号丽英。然而在家里，杨绛和钱锺书只叫她圆圆，这个名字更顺口，也更亲昵。

岁月喜欢流长，时光却总是最短。很快，他们就迎来了归国的日期，尽管奖学金还可以延期一年，他们却心心念念地只想归乡。

来的时候，是甜蜜的小两口，回去的时候，是温馨的一家人。在异国他乡，他们收获的，又岂止是知识，更是快乐和幸福，是长长久久的齐天乐。

五、最贤的妻，最才的女

见到她之前，从未想到要结婚；娶了她几十年，从未后悔娶她；也未想过要娶别的女人。

才能上厅堂，甘做灶下婢

他乡万里雨纷纷，故乡此处一片云。归家的日子，总是被赋予美好。然而真到回国，才明白什么叫现实生活。

两人都自谋了教书的职业，却各奔东西。杨绛和女儿在上海，和来逃难的父亲杨荫杭（母亲已经在战乱中逝世）挤住在一起，钱锺书则一人在昆明，做起了流浪先生，离开暖妻热女，哪里都是苍凉。

他又是最年轻的教授，住最简陋的房，用他的话说就是“屋小檐深昼不明”，但这不妨碍他说最有意思的故事，讲最有意理的文章。

她的情形稍好，去了母校振华女校上海分校，被她的老校长硬抓了去做了校长，钱权一人一力承担。

正值战乱，两人资历又浅，哪里顾得了辛劳，自是拼尽全力积沙集腋。然而她实在不愿做官，几辞不允就再辞再推，终于获得了自由身。

有了更多的时间，又受陈麟瑞、李健吾等朋友的怂恿，她开始写起剧本来。他听了总以为是小玩闹，但她却铁了心地一改再改，只求更好。

不久话剧《称心如意》问世。这是四幕喜剧，文笔诙谐又不乏泼辣，人物性格细腻而深切，戏剧表现很具张力而又不致失真，还大量活化了灵活而又丰富的民间语言。

在沦陷的上海，在杂乱还有章法的戏剧世界，在混沌无着的生活面前，《称心如意》如一缕春风，吹开了冰封的世界。

《称心如意》很得黄佐临导演的赏识，并决定排演话剧，已经是颇有声望的剧作家李健吾更是自荐在剧里扮演舅公一角。

李健吾打来电话告诉她要出广告，问她怎样署名，她随口说了“杨绛”。她到底面皮薄，还不自信，不敢用杨季康。而“绛”是“季康”二字的切音，她很喜欢父亲赐给自己的名字，叠读更有一种亲切的意味。

这个名字，本来只助她做了一次牛刀小试，从此以后却成了她闻名世界的标志。

戏剧一经上台，迅速走红。杨绛初出茅庐，一鸣惊人，一时间，赞誉纷纷。李健吾更是写下了至高的评论：

就像一个清莹的湖，
现在，
你顺着湖岸，
或是泛着小舟往前走，

湖水的尽头把一个，
更广大也更惊人的天地给你，
于是豁然开朗，
到了桃花源。

清莹的湖，说的是杨绛呈现给大家的那个故事了，而那个桃花源，说的则是杨绛本人了，处世外清幽，内涵深永，又独具韵味。

之后，杨绛又接连创作了喜剧《弄假成真》、《游戏人间》和悲剧《风絮》，成了上海戏剧界一大标牌。

对她的成就，父亲满心欢喜，却不肯多言，只叹“憨哉”，姐妹兄弟们不吝赞叹，把她当成了女神一样追捧。

可钱锺书，很不是滋味。剧本初成，拿给他看，他颇为敷衍，如今大获成功，他虽也兴奋，却不免感到负担。他名为才子，却被人称杨绛丈夫，这多少让他气短。

他不喜功名，只是太多狂狷的书生意气，自以为在文学范畴内，不输一人，于是，忍不住对杨绛说：“我想写一部长篇小说，你支持吗?”

杨绛满心欢喜，并全力支持。她虽已功成名就，但只认为自己是小器小成，她愿意抛砖引玉，让丈夫这大器有大成。

长篇巨著，耗费心血，一需要时间，二需要安静。她辞了女佣，一为更少打扰，二为节省开支，而节省开支，只为能让他减少授课时间，潜心创作。

她依然还是教员，依然还要创作，却又包揽了所有的家务活，劈材生火，吹烟弄饭，外加哄逗教育小圆圆。忙得团团转，也不觉得是负担。

她曾译过英国诗人兰德的《生与死》，当头第一句话这样说：“我和谁都不争，和谁争我都不屑。”且不说和世俗之间的拉锯，就是和钱锺书在一起，杨绛都是不争的，她心甘情愿地自称是他的“灶下婢”，然这称谓对她也很是甜蜜。

能高能低，能成能隐，这些古圣人的风范，她做起来却轻松容易，只因她的心真的是简单到只有爱意。

苍天从来辽阔，不拘白云几何，一心甘愿做背景，只为让白云任意涂抹、创作。这份大度、这种淡然，不但成就了她的性格底色，还是她的文笔风格。读她的文，初来似乎淡索，只有回味起来，才会品出隽永深味来。

两年后，《围城》成功问世，钱锺书一战成名。他到底没有辜负她的这份付出，她到底对他的才学没有看错。

钱锺书在《围城》序中说：“这本书整整写了两年。两年里忧世伤生，屡想中止。由于杨绛女士不断的督促，替我挡了许多事，省出时间来，得以锱铢积累地写完。照例这本书该献给她……”不过，“随你怎样把作品奉献给人，作者总是作者自己的”，“因此，罢了”。

眼看就要深入浓情，偏偏一转笔成了调侃世俗的幽默，可细读来，看似是对虚伪风情的不屑，却依然躲不开对爱妻一片世俗性的浓情。他是感激她的，然而他宁愿这感激只是爱。

看他和她的相伴，你会忽然感慨，梦中朝雨好，醒来晴空蓝，小味道，大痴情，泼酸气，顽劣风，一切都好，怎样都好。时光为他们，只调了一档：恰到好处。

后来《围城》搬上荧幕，每集片头的那段著名的旁白“围在城里的人想逃出来，城外的人想冲进去。对婚姻也罢，职业也罢，人生的愿望大都如此”，其实出自杨绛的手笔。她一手促成了《围城》的诞生，她最懂他的《围城》。

她太懂他，毫无悬念，他自然也懂她，只不过显得拙气，偶尔还有点小傲气。他后来又出版了短篇小说集《人·兽·鬼》，在自留的样书上，他写道：“赠予杨季康，绝无仅有的结合了各不相容的三者：妻子、情人、朋友。”

一生一世只为她一人，一生一世只为她一人，她一人就为他造就了甜蜜、浪漫、唯美、自由、温暖等多种世界，这是他的情话，简单，却情深似海。

两人曾读过英国传记作家写的一段理想婚姻的描述：“我见到她之前，从未想到要结婚；我娶了她几十年，从未后悔娶她；也未想过要娶别的女人。”他说：“我和他一样。”她说：“我也一样。”

最美的婚姻，不必琼花璧月，也不必缠绵旖旎，只是自然到他（她）仿佛是她（他）的呼吸。有他在，就能安然地入梦；有她在，就能顺遂地成栋成材。

从容镇定待盗寇

硝烟不断，孤岛凄惶。尽管剧本大获成功，杨绛和钱锺书的日子并不好过。因为日本人接管了杨绛所在的校区，她辞职归家。钱锺书的工作也是毫无保障，薪水时有时无。

两人虽然跟了钱家老太爷一起过日子，但贫苦和辛酸却只有自己扛，常常是入灶先借煤，水开了还得去找米。

偏两人都爱读书，笔耕不辍。杨绛继续创作剧本，为填补家用，而钱锺书则开始写《谈艺录》。为饮食而憋屈的肚皮，敌不过为文字而活跃的头脑，终于学会了忍，忍得一腔苦闷，何妨饱食文章。

一日，忽有日本人带着一个朝鲜人找上门来，钱家的老太太吓坏了，杨绛却从容地将两人让到客厅，借沏茶的工夫，快速跑去将钱锺书的所有书稿都藏了起来。

家人送了茶进去，看见日本人的小本本上写着杨绛，忙不迭地让杨绛躲起来。杨绛躲到了邻居——大姐的朋友——家里。

朋友很热情，但杨绛终于没有深坐。她左思右想了一番，觉得自己不过是读书人，最多写了几个剧本而已，一腔正气，倒也不怕难缠。

她索性从朋友那里借来了鸡蛋，假意买了鸡蛋归来，大大方方地回了家。开门的是婆婆，看到她如此堂皇地回来，先变了脸色，正要叫她走，她已经迈步进了屋，一边喊着："我给您买了鸡蛋回来。"

日本人还在，已经将家里上下翻了个底朝天，杂乱的东西撒得到处都是。

杨绛坦然地上前，朝鲜人喝问："谁是杨绛？"她回答："我就是。"朝鲜人大怒："那为什么说你姓钱？"她说："这就是钱家啊，因为我嫁到了钱家，自然姓钱。原来你们找我，为什么不早说？我去给婆婆买鸡蛋了，我这就跟你们走。”

大概没有找到什么，又见杨绛如此镇定，日本人不再蛮横，只拿了她的通讯录和剧作宣传简报，告诉她第二天十点到日本宪兵司令部报到。

送走了日本人，婆婆依然胆战心惊，坚持要杨绛躲起来。杨绛反而十分冷静，她一边收拾着杂乱，一边捋清思绪，躲肯定是躲不过的，她躲了，钱家又哪里躲得过，倒是迎上去看个究竟更痛快些。

第二天，杨绛去了司令部，她做好了最糟糕的准备，还带了一本书去。等待很是漫长，她索性拿出书本，坐在沙发上看起书来。沙发真的很安静，书本真的很有趣。书给了她安心，再看这盗寇之窝，原来也有一丝暖气。

日本人只让她填了表格，原来他们想要找的，并不是她，她不过因为剧本而闻名，她最大的故事就是编故事写作。

强盗面前，她未必不忐忑，只是惧也得来，怕也得面对，平白地用恐惧浪费时间，不如分来给读书更有趣。

其实早在这桩事之前，她就与日本人打过交道。她去做教员时，必须要坐车经过一座桥，桥上有日本兵把守，国人必须要下车鞠躬，她常常低头而过。

后来日本人嫌麻烦，只上车检查，但要求乘客全体起立。她起得晚了，一个小小的日本兵叫嚣着过来，抬起了她的下巴。她愤怒至极，本能地喊了一句“岂有此理”。

四个字吓得一车人屏住了呼吸，她赫然发现自己闯了祸，却已经下不了台，只强撑着瞪视着车窗，一颗心早跳得七上八下，一会儿担心日本兵打她，思忖着要不要还手，一会儿又害怕给一车人带来灾祸。

时间像是被压在了重碾下，一点点捱着，却似乎已经凝固不动。她已经感觉呼吸不畅，终于听到了日本兵离开的脚步声。她又羞又怒又愤又急又怕，心里、脑里百般不是滋味，反而比刚才对峙还要难过，还要难挨。

她把这些写进《闯祸的边缘》里，将自己的全部心思展露无遗，不强调自己有什么大无畏，只是自然地描绘一个有感知的国民在破国敌寇面前理所当然的情绪，其中有恨，也有怕。

杨绛的文章，没有那种干脆决裂的控诉和忏悔，也少有激烈的奋进和斗争，她只是轻描事情的原貌，淡写人间的情绪。站在故事外，她笔下的那些特定的小事反而更有历史的借鉴意义。

正是这样的姿态，让她学会更高更远地看人看物看世道，也才能在凶险时悠然镇定，在时过境迁后提笔从容。

她已是最贤的妻，又是最才的女，却还是小刚骨，又是大高士，钱锺书对她，已不知道怎样赞誉才好，和同事谈天说地，出其不意就是对妻子的一番吹捧。

有友人故意逗他，问他 uxorious（怕老婆的）怎么翻译。他摇头故作不知，回家后却笑着对妻说：他们说我有誉妻癖。那样子，心满意足，十分得意。

这样好的妻，疼在心里，敬在心上，不用刻意措辞，不经意间脱口就是心声，由不得他不去赞誉。他为自己的才华骄傲了一辈子，而最让他放不下的骄傲，还是他的妻，以及他的女。

千里离别，信底人生

情似游丝，人如飞絮。没遇到杨绛前，钱锺书并不觉得离别苦，遇见了杨绛后，始知离魂的痛楚。千里江山外，只能潜梦回。思绪总是被分裂成两半，一半跟着自己，无滋无味，一半还吊在家里，牵绕着贤妻和爱女。

他极爱写信，和她相恋时就笔端缠绵，如今夫妻情深，更是舍不下这唯一的寄托。

对别人，他就是个书呆子，一心只读圣贤书，两耳不闻窗外事；对她，他却是个大话痨，风吹雨打要写，同事闲聊要写，魂梦相思要写，心念女儿要写。

一起笔，就停不下，滚滚波涛，飞瀑悬河。压缩了再压缩，也还是有那么多。多少是多呢？心事是写不够的。

钱锺书从小被过继给伯父。伯父虽好，伯母却未免情薄，她并不虐待他，只是越看他越像是在描绘自己不能生男的罪过，由不得地满腔冷漠。

父亲又太过严厉，对他只有声名的寄托，母亲又太过迂腐，觉得送出去的儿子，自己过问不得。

他的童年，因此过得很是萧索。当年乍看到杨家上下的喜气和睦，竟至贪恋不舍。唯愿重回童年，再遇这样的父爱、母爱，在温馨和顺中打着滚地长大。对这个甜蜜温柔的妻，就越发地依恋，越发地缠绵。

早在牛津求学时，他就喜欢争着看妻的家信。他也是有家信的，然而信少，内容干硬，父亲每次来信，都是训话。一封还好，提神振奋，两封也罢，总还是亲情相关，可来的都是严肃，说的从来都是大志，仿佛要赐他以英雄铠甲，实际是给他以标杆约束。

妻的家信则完全不同，洋洋洒洒，多而繁杂，说的都是快活有趣的小事，就连家里瓶子翻了都能逗阿季一笑，写的人轻松，看的人舒心，心心念念，全在一处。

他便也学了岳父的家信写法，事无巨细地汇报给她听。扣子掉了，是身外之物在淘气，睡不安稳，是相思之苦在作乱。

尘世繁杂怎样都好，不能精致生活至少可以勉强对付，最难是人事沟通。

他很是书生意气，难免年少轻狂。他曾说："二十不狂没志气，三十犹狂是无知妄人。"做学生不难，做了教授却发现，狂放其实就是自害。

他本来只是一腔激情，却不知怎样忽然就惹了事故。头天还相谈甚欢的，翌日便如同陌路，惹得他更嫌世事烦琐，愈加放低姿态，只认自己是书虫，只愿躲进书堆里。

那几年，他最是苦闷，到处奔波，他的声名一片大好，可是人事却又费尽琢磨。几年后，本来已经约定好去清华大学教学，却阴差阳错地错过，几乎失业。幸得岳父将他的课让出来，他终于在上海落脚。

他发誓：此后只有死别，再无生离。哪怕辛苦，却再也不愿离开她离开家。世界太大，很容易走错。

“牛鬼蛇神”劫难来

曲曲江山怡静好，惹得世间儿女更多情。

抗战胜利后，很多知识分子都去了台湾，他们对新的政权看不明确，台湾几所大学又开出了丰厚的条件，有人来找钱锺书和杨绛，他们却谢绝了。

他们也不懂政治，只是更不愿意离家去国。钱锺书曾在一封信中这样写道：“人的遭遇，终究是和祖国人民连在一起的。”

他们终于过起了安定安稳的日子。钱锺书在清华教书，因为夫妻不能同校任职，杨绛便做了兼职教授。他们以为自此可以清风一生，谁知又突来变故。

在知识分子的改造运动中，由于重理轻文，钱锺书和杨绛都被一降再降，先是被分配到文学研究所，后又被分到外文部，兼翻译，坐起了冷板凳。

薪酬少，级别低，也还不要紧，至少还是教授，至少还有尊严。“拔白旗”运动一来，就连这都成了奢侈。

杨绛和钱锺书都翻译过很多外文书籍，钱锺书还写过《宋诗选注》，无一幸免，都成了“资产阶级白旗”，先是杨绛要接受下乡改造，紧接着又是钱锺书到公社学习。

农村房屋简陋，水源稀缺，饮食不饱，这对杨绛并不算难事，就连艰苦的农事劳动，多病瘦弱的她，也扛了过来。唯一让她感觉过不了的关，就是厕所。

她所在的地方粪坑深，上搭窄而滑的石板，踩上去颤颤悠悠，常有一种跌落下去的错觉，她怕极了，方便时能忍就忍，忍不住时也得鼓足勇气才能踏上去。

好在钱锺书书信极多，有时候是三言两语、不得要领的生活报告，有时候是长话短说，一个自有他们才懂的小幽默。信就是心，他的来信，平添了她抵抗困境的力量。

当两人都平安改造归来，却迎来了更大的风暴。杨绛翻译的《唐吉诃德》成了“资产阶级大毒瘤”，当天她就被人剃了“阴阳头”，成了“牛鬼蛇神”。

钱锺书之前也被剃过十字头，横一刀、竖一刀，她发挥神来之笔，给钱锺书剃了光头。可她剃不了光头，她还得接受再改造。

钱锺书又是心疼又是无奈，正自思忖怎么解决。杨绛却拿出女儿之前剪掉的长发，又拿来帽子，将头发一小缕一小缕编到帽子上。第二天照样去街上买菜。

然而人心惶惶，各自避祸，一些卖菜的人发现她的头发不对劲，竟连菜都不卖给她。最恐怖的是，她坐车回家，售票员居然冲着她大吼：“你这个黑帮，居然敢坐车！”

她又气又怒，惶惶地吼回去：“我不是黑帮！”可阴阳头就是黑帮的定义，至于具体的意义，谁能解释得清。

她做了一辈子的教书先生，受了一生的尊敬，老来却是这番光景。饶是她多心宽，站在光明的日头下，看着影子一点点被太阳拉远，也还是忍不住有些悲伤。

然而她并不哭，愁闷也只是一时，很快就烟消云散。反正她还有他，还有可爱的小女儿。生活给我以痛，我报以欢歌。

她的任务是清洗厕所。又是厕所劫，却还算好过。她便认真地拿了工具，将污垢重重的厕所擦得干净反光，然后悄悄地掏出书来，轻如流水的文字，看上一会儿，再痛的心事也都付之东流了。

她自己被定为牛鬼蛇神虽恐怖却还可以忍受，等到钱锺书也被贴了大字报时，一向温顺婉柔的杨绛听说后，竟一反常态，立刻跑去，在大字报下边一角贴了张小字报澄清辩诬。

这下子，她惹来了更大的麻烦，被揪到千人大会上批斗示众。著名的教授、学者在这样的批斗场都是逆来顺受，只有她在被逼问时，大声咆哮："就是不符合事实！就是不符合事实！"

熟人们见惯了她和顺不争的菩萨模样，都惊诧于这样的"金刚怒目"，若不是委屈得紧，又哪里能这样义无反顾。然而她不为自己叫屈，她只为他而不服。

她的小妹杨必和女婿相继辞世，很多场面，可能就是阴阳之间。然而又有何惧？

生命已走向六十花甲，少年青春都已经圆满走过，又有这样知心知意，让人疼、让人敬的爱人陪伴一生，她心满意足，唯一心痛的，就是放不下他。不过好在很快他就获得了清白。

不久，两人都被下放到干校，杨绛被安排去种菜，钱锺书则成了干校通信员。每天，他去取信，总是取道菜园，为的，只是和她短暂相会。

已经相携几十年，却还是相看两不厌，古人常有花园私会，特殊的年代却给他们制造了菜园谈情。成条成垄的土地，菜小苗嫩，却已经学会了窸窸窣窣地八卦样，东倒西歪地尽力调笑。

日子是苦的，日子是甜的。日子是流离破碎的，日子是安静安然的。

一日，她刚起床就见床边一只死鼠被开膛破肚，血淋淋地躺在地板上，她吓得头皮发麻。跟他提到这事，他笑道："这是猫儿以腐鼠饷你，吉兆也。也许你就要离开此处了。你难道不知死鼠内脏和身躯分成两堆，是离也；鼠者，处也。"她听了也笑，竟越想越是妙。

这是他们俩人生最苦的日子，然而他有博学的幽默，她有宽容的心怀，两人相依相偎，相对相照，萋萋乱草唯有美，风割斜阳也多情。

他们过了八年的干校生活，回来后，她写了《干校六记》，后来发表，被著名学者下了十六字考语："怨而不怒，哀而不伤，缠绵悱恻，句句真话。"

读他和她的一生，总觉得明明是山高水远，都归结于水到渠成，明明看似已至荼蘼，却又有柳暗花明。

不知是时光推动了他们，让他们终于大放异彩，还是他们弥补了时光，让流沙一样的浮华最后沉淀成纯美。

“我们仨”此情深处

眉叶不禁秋，愁锁心头。因为害怕钱锺书受苦，杨绛很希望他先走她留下殿后，然而让她没有想到的是，女儿钱瑗却最先一步撒手人寰。

那一年，父女俩双双病倒，医疗关系却分属不同的医院，她一个人要侍奉丈夫，然后还要穿越大半个北京城，去看望女儿。

女儿已经不能进食，却还要惦记父母的饮食，稍有点精神，就拿起笔写字，说小食谱，念父母恩，又写生活注意事项，或者故作轻松说个小笑话，想到哪写到哪，写到哪又难受到哪。她不知道自己命不久矣，她还在信誓旦旦，年老父母在，她岂可远行？

老父也思念女儿，人不得见，话不得说，也打点精神，想要写点什么，然而手指已僵，拿了一辈子的笔再不听使唤，人已经期期艾艾，眼眶却已经枯干，连哀伤的气力都需要慢慢积攒了。

他们终不得见，先是女儿登仙而去，然后是丈夫驾鹤西游。他们俩都走了，不再受人世间的烦恼惊扰，不再有浮华和喧嚣的纷乱，清清净净，一尘不染。

这一条人生的路，他们仨，走着走着，遇见了，走着走着，终究又散了，而且竟是永远。生命里奔波的那些分合辗转，分居异地的那些相思相念，都被阴阳隔断了。

她一个人，如今再见不到丈夫看书的憨憨的样子，再听不得女儿撒娇的婉转的声音。可是那一处房里，又到处有他的身影，到处有她的声音，被封在书页里，被嵌进墙体中。风一吹，就有回响，心一动，就能相拥。

很小的时候，她是怕鬼的，然而他俩走了，她却多希望那两个憨憨的小鬼头再重新来过，哪怕是一个不实的影子，或是一个泪湿的短梦。

当然，她并不愿多愁善感，想他了，她就拿起他的笔，翻开他的笔记，继续他未完的事业。想她了，她就任由那支笔信马由缰，带着她一起走进似乎已经遥远了的回忆。

那时小丫头还小，父亲在外地教书，偶尔回来，她已经不记得他的样貌，只是观察着，警惕着，见他竟然把行李放进母亲的房间，于是握刀横马阻住他：

“这是我的妈妈，你的妈妈在那边。”

他顿时心虚，却又强装理直气壮地反驳：“是我先认识的你妈妈，还是你先认识的?”

“自然是我先认识的，我一生出来就认识，你是长大了认识的。”

这个可爱的小人儿，才刚学会说话，头脑已经如此灵通，竟驳得他再无二话，他于是蔫蔫地在她的耳边悄声说了一句。也不知道是怎样了得的话，竟然马上让小丫头和他握手言和，重修旧好。

她的好奇一寸寸涨起来，那到底是怎样的一句话，当初为什么不问问他或者她？年轻的时候为什么有那么多的琐碎，连这样重要的事情都被耽搁，如今可问谁去？

再次回想，他应该是做了她的“哥们”，反正总是“不懂轻重”：小丫头睡觉时，他拿了毛笔，在女儿的小肚腩上随意笔墨；为了捉弄困倦的她，他把鞋子物件不拘什么一起塞进女儿的被窝……

他和小丫头最默契的，莫过于格物致知了。在偶尔的团圆日，三人去吃饭馆，点了菜坐下来等，两人就开始忙碌起来。

一个悄悄东张，一个慢慢西望，然后头对头，悄悄说起故事来。他说的是对桌的小夫妻，一定是吵了架，女的嘴角下沉，男的眉头深皱。

她说的是另一桌团圆饭，男女老少看似圆满，风和日丽谈话也欢，然而坐中的老人非常疲惫，角落里的少女满脸厌烦，这又是一桌虚伪的全家欢。

名是吃着饭，父女俩却把饭店里的人事都过了一遍。母亲安然地在旁边听着，听着，笑开了颜——不知道会有谁在暗地里也对我们仨如此格物致知呢？

他们仨，关系就是一个连环套，有时候，是爸爸妈妈一家，联合起来挤对女儿，小时候说她小顽童，大了又说她是老学究。

有时候，是爸爸女儿一家，合作起来对付妈妈。妈妈喜欢干净，连毛巾也要折出漂亮的小角；而爸爸和女儿在妈妈出差的日子，是连被子也不愿叠的。

有时候，是妈妈和女儿一家，协同起来捉弄爸爸。爸爸审美虽有，颜色却只识得四色，红绿黑白，至此结束，再多了，就要口齿纷乱，眼神迷离。可世界到处是姹紫嫣红，她们俩怎肯错过，于是捉了他来，故意听他说错乱的颜色。他从来不辜负她们，颜色说得错杂，典故却说得有趣。世界本来无颜色，你为它标注什么颜色，它就是什么颜色。

他们仨最爱的，当然是读书了，不管玉壶光转，还是风箫吹动，他们只是关起门读书。

一人在，一人读书；两人在，两分东西，各读各书；三人在，依然是人分三处，自成文章。做他家的房子都好，一天天的静，一天天的弥漫书香，一天天的饱满安宁。

然而，他们俩，却走了，多情地，又是无情地。

她的回忆，那么满，却那么空。她极力想要抓住，然而也只能留在字里行间。不过，这对她足以慰藉。

不久，她的回忆录《我们仨》出版，一如既往的，只是淡淡的笔调回忆，轻松地说着过往。就连离别，她也只是说：“1997 年早春，阿瑗去世。1998 年岁末，钟书去世。我们三人就此失散了。现在，只剩下我一个。”

她一定是痛的，然而她并不哀伤。不管是憨父亲，还是小丫头，不是都喜欢文字吗？年年的春风里，翻书的那一抹律动，一定有他们的小机灵，只是不知道，另一个世界里，是否有书读？

这样痴想着，回忆着，竟又独自走了很久。烟光摇曳，晃不散她的虔诚的思绪，朝天车马，载不动她的浓郁的痴情。

她并不迷恋人世，她也并不愁苦死别。她只是静静地走着，一路走，一路为夫为女闲拾着一些人生小事，等到团圆日，说与他们听。

那可是她一个人的自豪，她本胆小，又极病弱，然而是她，挨过了孤苦，扛过了病痛，只为能为父女俩多拾取一些人生之果，填补他们不能生命长续的空白。

投老残年，梅花折尽，她也迎来了自己的末岁。没有他送别，也没有她哭往，然而即使混沌中，她也看到了他着新衣，她换新颜，驾着马车，打着呼哨，来接她了。

他们，作别多时，终于重聚，这，才是永远。真正的永远，是团圆。万家灯火，华灯初上，却不敌风轻云淡，海空天阔。